USE A
MODA
A SEU
FAVOR

USE A MODA A SEU FAVOR

Carla Lemos

@modices

1ª EDIÇÃO

Galera

RIO DE JANEIRO

2019

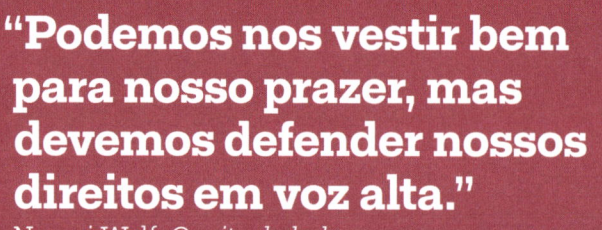

"Podemos nos vestir bem para nosso prazer, mas devemos defender nossos direitos em voz alta."

Naomi Wolf, *O mito da beleza*

Prefácio

POR KAROL CONKA

Desde pequena sempre fui muito observadora, percebia que o estilo era algo que podia traduzir minha personalidade. Eu não tinha uma boa condição financeira, então focava no que tinha e botava minha criatividade pra dominar. Era divertido chegar na escola e receber elogios. E olha que nem sempre eu agradava a maioria, mas me sentia satisfeita por usar algo que tinha a minha identidade. Eu invertia peças, criava acessórios, era incentivada e aplaudida pela minha mãe, Ana Maria.

Gosto de ser diferente e sempre acreditei no velho ditado: "A primeira impressão é a que fica!" Então, comecei a estudar minha personalidade e o que eu queria passar para as pessoas. Foi quando percebi que nosso dia a dia também é recheado de sensações e climas e que o look escolhido poderia contribuir, ou não, para o meu bem-estar.

Eu não era muito ligada a moda convencional e me atrevia a usar coisas que já não usavam mais ou nunca usariam. Gostava de pegar peças da minha mãe, do meu irmão; misturava com as minhas e fazia umas combinações loucas que de tão esquisitas acabavam ficando legais; era algo que combinava comigo. Causava espanto em algumas pessoas, usava coisas coloridas ou diferentes demais, diziam que eu queria chamar a atenção... e eu queria mesmo!

Queria chamar atenção pra mim e depois mostrar o que eu tinha a dizer, e eram muitas coisas. Queria gritar pro mundo que podemos seguir nossa própria autenticidade e mergulhar num mundo divertido, cheio de possibilidades, sem seguir padrões. Eu sabia que, chamando atenção através do estilo, despertaria curiosidade e teria oportunidade de passar a minha mensagem, que sempre foi a de incentivar as pessoas a sair da bolha frustrante de não se encaixar em algo.

Eu me lembro das minhas amigas preocupadas porque não tinham a roupa certa para alguns eventos, como eu achava um absurdo a gente se sentir mal por causa disso, comecei a criar um estilo próprio. Então estava sempre à vontade para ir a qualquer lugar pois me sentia confortável, bem resolvida usando o que eu queria e não o que os outros achavam que eu tinha que vestir. Fui percebendo que o look certo é aquele que carrega a sua essência.

Continuo inventando moda e me inspirando em outras tantas mulheres que pensam como eu, assim como a Carla. O lema dela é o mesmo que o meu: ser o que quiser e misturar as modices.

INTRODUÇÃO

A moda está ligada às minhas primeiras memórias felizes de infância. A alegria com que eu brincava de trocar os looks das minhas Barbies. O entusiasmo que me contagiava quando minha mãe chegava em casa trazendo sacolas cheias de roupas, compradas em Madureira pra mim. O fascínio que eu sentia com as cores, as revistas e os tecidos do quarto de costura da minha tia.

A moda também está ligada à minha sensação de segurança, já que foram as roupas que passaram a proteger meu corpo de olhares intrusos. Eu era criança, mas já me incomodava com homens que viam meu corpo como objeto de satisfação. Quando eu quis negar minhas formas femininas, usei a roupa pra me esconder e fugir dessa realidade. Looks todos pretos, cortes largos e adotando um estilo dentro dos padrões considerados masculinos. Mais tarde, também através da moda foi que me permiti desfrutar da sensação de me sentir bonita e expressar minha sensualidade.

Moda pra mim sempre foi um assunto muito complexo e cheio de emoções. Ela me trouxe frustração, raiva, ansiedade e dúvidas. Também me deu uma carreira. Por causa da moda realizei meus sonhos, muitos dos quais eu nem sabia que tinha.

A moda está diretamente ligada a vários aspectos da minha vida. E da sua também. De todas nós, com maior ou menor intensidade. Na verdade, ninguém é imune ou indiferente. Até quem escolhe não ligar está fazendo uma escolha. ==Moda importa além do que as roupas dizem sobre a gente.== As roupas são o veículo pelo qual nos promovemos para os outros. A moda afeta o modo como nos vemos, como somos vistas e como vemos os outros; define nosso "eu" e a forma como navegamos entre mundos. "O que nós vestimos é um importante aspecto da experiência humana", já dizia a doutora em psicologia da moda Carolyn Mair.

A moda pode ser um veículo de mudança social e até de conquistas, como foi para nossos primeiros antepassados. Era por meio de suas roupas que eles se comunicavam, identificando sexo, idade, status. Foi tecendo fibras de plantas e costurando peles que nossos antepassados puderam explorar regiões mais distantes do planeta e enfrentar as baixíssimas temperaturas da Era do Gelo.

Nosso vestir, no entanto, serve a muitos propósitos além da funcionalidade e do abrigo: ele oferece significado simbólico, satisfaz as exigências do gosto individual, da modéstia e das expectativas culturais, pode exibir preferências sociais e individuais de status e gênero. Entretanto, num nível mais elevado, as roupas, a moda e sua indústria podem influenciar nossa saúde mental e nosso bem-estar.

A moda tem um grande poder. E também grande responsabilidade. E, porque tem poder, ela foi usada durante muito tempo na cultura ocidental como instrumento de limitação e controle, especialmente sobre nós, mulheres. Controlar a roupa das mulheres é controlar sua identidade, seus sentimentos, sua sexualidade e seu pensar. É por isso que as mulheres sempre tiveram que reivindicar o direito de usar as roupas que melhor atendessem as suas necessidades. Como consequência tivemos a reforma do vestuário, um movimento do início do século XIX pelo direito das mulheres de usarem roupas que permitissem sua locomoção nas cidades, pedalando suas bicicletas.

Como se percebe, a moda é muito importante para ser tratada como algo fútil, menor. Não é, nunca foi e nunca será.

Quando vestimos uma roupa, inevitavelmente adotamos características que associamos àquela peça, ao jeito que nos sentimos e à maneira como agimos enquanto a usamos, mesmo que de forma inconsciente. É normal que uma pessoa se sinta mais forte quando veste uma camiseta de super-herói, ou glamourosa quando usa um vestido todo brilhante.

Além do plano individual, a moda é também uma experiência coletiva, que envolve a expressão do sujeito através de sua aparência (roupas, acessórios, maquiagem e penteados) e o modo como ele é identificado no ambiente em que ele vive (o local, a época, e a cultura). Se a moda é uma experiência coletiva, é porque nós fazemos a moda. Coletivamente, temos o poder de mudá-la e transformá-la para que ela nos favoreça. Porém, durante muito tempo, ensinaram a gente a pensar como vestir nosso corpo procurando defeitos a serem disfarçados e criando ideais desnecessários a serem seguidos. E, se o tempo inteiro a sociedade faz a gente se sentir menor, indesejável e achar que suas características físicas são "defeitos", é assim que a gente vai se sentir: um lixo.

"A gente olhava pra eles e ficava se perguntando por que eram tão feios; olhava com atenção e não conseguia encontrar a fonte. Depois percebeu que vinha da convicção, da convicção deles. (...) O patrão dissera: 'Vocês são feios'. Eles tinham olhado ao redor e não viram nada para contradizer sua afirmação; na verdade, viram sua confirmação em cada cartaz de rua, cada filme, cada olhar. 'Sim', disseram. (...) Passava longas horas sentada diante do espelho, tentando descobrir o segredo da feiura, a feiura que a fazia ignorada ou desprezada na escola, tanto pelos professores quanto pelos colegas. (...) Lançada dessa maneira na convicção de que só um milagre poderia socorrê-la, ela jamais conheceria a própria beleza."
Toni Morrison, *O olho mais azul*

Quando há um desalinho entre a autoimagem e o eu ideal, a autoestima sofre. A autoestima não é fixa. Não existe estabilidade eterna. Funciona como nossos direitos: se a gente para de dar atenção pra eles, acabamos perdendo o pouco que conquistamos. A nossa autoestima pode mudar, dependendo do contexto em que nos encontramos. Então precisamos estar sempre atentas. E nos cuidar.

    É pra isso que serve o autoconhecimento.

E é por isso que este livro existe.

Pra você pensar sobre essas coisas. Repensar sua relação com a moda, deixar todas as dores e dúvidas para trás e usar a moda como uma força potencializadora dos seus sentimentos, seus valores e suas atitudes, passando a ter consciência do poder e da influência das roupas não apenas em como o mundo vê você, mas em como você se vê.

Porque cabe a nós a decisão de dizer "chega!" e quebrar esse ciclo de opressão, questionando todo o sistema da moda, da produção à distribuição, passando pela comunicação. Porque muito mais importante que "disfarçar braço largo", é saber se a manga da blusa é funcional pra quem anda de transporte público e precisa se apoiar. É a roupa que tem que nos servir, e não o contrário.

Tenho refletido também sobre como tudo isso é novo. Nunca antes na história deste planeta tivemos tantas opções de cores, tecidos e formas de roupas. Assim como também nunca frequentamos tantas situações e ambientes diferentes nessa louca vida cosmopolita. Nunca tivemos tanta informação para lidar melhor com nosso corpo, usar nossos cabelos soltos ao natural, fazer as opções que convêm a nós e não ao sistema social. A gente se depara agora com todo um universo de possibilidades, e ninguém estava programado pra lidar com todas essas novidades.

E não dá mais para tentar aplicar as regras de outro século à realidade que vivemos hoje. Eu também não tenho todas as respostas, mas trago neste livro muitas informações, muitos questionamentos, muitas propostas, para que, juntas, possamos desenvolver este novo conhecimento e passemos a ver, pensar e usar a moda pra potencializar o nosso bem-estar.

A moda é muito poderosa. E é hora de reivindicar este poder. Usar a moda a nosso favor, a favor do nosso amor-próprio. Um povo que não se ama não luta pelos seus direitos.

"Merecemos amor e pertencimento agora. Neste minuto. Do jeito que somos."

**BRENÉ BROWN,
A ARTE DA IMPERFEIÇÃO**

ANTES DE COMEÇARMOS, QUERO QUE VOCÊ SE VEJA NESTE LIVRO, GAROTA. PORQUE ESTE É O LIVRO QUE EU GOSTARIA DE TER LIDO QUANDO ERA UMA ADOLESCENTE EM CRISE EXISTENCIAL COM O CORPO COMEÇANDO A GANHAR FORMA OU QUANDO LIA QUE O BONITO ERA SER DIFERENTE DE QUEM EU SOU.

OLHA BEM NO ESPELHO.
ESTA É VOCÊ.
ESTE É O SEU CORPO.

Antes de qualquer coisa, como diz a autora e ativista *body positive* Alexandra Gurgel em seu best-seller: pare de se odiar.

Suas palavras têm poder.

Você precisa se tratar com gentileza.

Parar de se xingar, diminuir, ridicularizar.

"Como você ama a si mesma é como você ensina todo mundo a amar você", disse a escritora Rupi Kaur, e deveríamos repetir isso todos os dias. Como um mantra.

E se aceitar da forma que você é não tem nada a ver com comodismo, viu? Você pode melhorar as coisas que não gosta no seu corpo. Isso só não pode ser uma condição pra ser feliz. Você precisa viver a melhor vida possível com o corpo que tem agora, não com 20 quilos a menos, ou com mais peito, menos bunda, outra boca, outro nariz.

É AGORA.
É A PARTIR DESTA IMAGEM QUE VOCÊ ESTÁ VENDO.
VAI SER LIBERTADOR.

Prepare-se, porque este livro é cheio de exercícios para ajudar você a refletir, se conhecer e descobrir como usar a moda a seu favor. Então vamos começar com um bem simples.

Cada vez que você pensar ou verbalizar algo negativo sobre seu corpo, faça um elogio para si.

EM VOZ ALTA.

Não precisa ser nada pensado, grandioso ou eloquente.

Apenas use palavras carinhosas.

Quando você fala coisas negativas sobre seu corpo, você reforça sua insatisfação com sua imagem. Com a autoestima baixa, você tende a fazer maiores investimentos em aparência, a desenvolver distúrbios de imagem e alimentares. Sem contar que essa postura autodepreciativa é um acelerador para a depressão.

Quando você verbaliza coisas positivas sobre seu corpo, você ajuda a afastar pensamentos distorcidos sobre sua aparência. Assim você ganha satisfação em relação à sua imagem, eleva a sua autoestima e até consegue desenvolver maior qualidade em suas amizades.

Aaaahh, Carla, mas não consigo ver coisas boas em mim. Então "finja até conseguir", como já dizia Brené Brown em *A arte da imperfeição*.

Depois, encontre e faça coisas positivas com suas amigas, com sua mãe, sua avó, com a faxineira do prédio, a atendente da lanchonete, com a garota ao seu lado no transporte público.

Troque a crítica negativa por um elogio. Compartilhe essas palavras amorosas e empodere outras mulheres com elas.

Você também pode usar esta "técnica positiva" quando alguém fizer comentários desagradáveis.

nossa, você engordou!

simmmm, por isso minha pele tá incrível.

CAPÍTULO 1

MODA IMPORTA

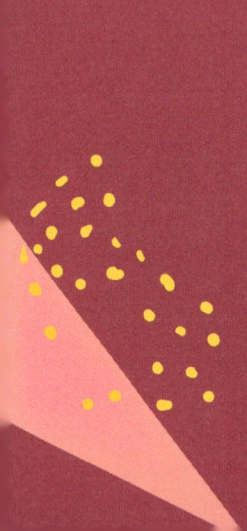

Quanto mais se descobre sobre o desenvolvimento da humanidade, mais entendemos a importância da aparência na nossa construção social. Cuidar dos cabelos, por exemplo, sempre foi um processo coletivo, o que nos leva a acreditar que o carinho e o cafuné fizeram parte da nossa evolução. Esse processo de mexer nos fios, desembaraçar os cabelos e trançá-los ajudou a desenvolver nossas mãos e nos fez adquirir as habilidades manuais pra confeccionar utensílios que hoje contam a história dos primeiros humanos.

Acredita-se que, antes mesmo de usarmos as roupas como forma de proteção contra o frio, usávamos nossas vestes como uma forma de transmitir informações sobre nossa tribo, sobre status social e fertilidade. Segundo a arqueóloga da Universidade de Illinois, Olga Soffer,[1] "As roupas permitem que você faça declarações muito mais complexas. O corpo é transformado em um palco para jogar todos os tipos de jogos sociais que você pode inventar."

Em tempos onde nossa linguagem verbal se desenvolvia lentamente, a forma como as pessoas se vestiam falava por elas.

Ao longo dos milênios, nunca se descobriu um povo que andasse completamente nu, sem nenhum tipo de adorno no corpo. Todas as tribos têm seus rituais de aparência, seus símbolos e sua estética.

Desde que começamos a nos entender como humanos, passamos a alterar nossa aparência natural criando penteados em nossos cabelos, usando pequenos enfeites (como pulseiras, colares, brincos e piercings) e até fazendo tatuagens (!). Sim, recentemente descobriram, no British Museum, em uma múmia com mais de 5 mil anos de idade, manchas nos braços e nas costas que, na verdade, eram tatuagens. No Japão, o costume de tatuar o corpo e o rosto pode ter mais de 10 mil anos.

Essa vontade de se adornar é ancestral. Seres humanos são essencialmente criativos. E o nosso corpo é a nossa primeira tela. Dizem que quando a gente começou a entender que éramos dife-

---

1   *Apud* HIRSH, 2010, p. 212.

rentes dos animais, passamos a alterar a nossa aparência natural. Temos esse instinto de parecermos atraentes, de usar nossa aparência pra representar nossa atitude e de usar os recursos à nossa disposição pra representar características que gostaríamos de ter. As roupas são o jeito que a gente se promove pros outros. Pesquisadores acreditam que as primeiras roupas não serviam para ~cobrir~ as genitálias e, sim, para exaltá-las. Vestir a pele de um leão era mostrar pra toda a sociedade que você tinha o poder de um rei. Pintar-se como um pássaro era associar a si as qualidades do animal. Não é assim hoje com as crianças usando roupas de heróis, heroínas e princesas?

As roupas mexem com a gente. E de jeitos muito mais profundos do que a gente possa imaginar. Cientistas descobriram que o que a gente veste influencia nosso psicológico, assim como nossos níveis de performance mental. Pois é, esta teoria se chama "enclothed cognition", ou "cognição vestida", em bom português.

"Nós pensamos não apenas com nosso cérebro, mas também com nosso corpo" dizem os psicólogos Hajo Adam e Adam Galinsky.

O questionamento que deu origem à pesquisa surgiu enquanto o professor assistia a um episódio de Os Simpsons (!) em que todas as crianças eram obrigadas a usar o mesmo uniforme cinza. Vestidas da mesma forma, elas passavam a agir de forma diferente. Então, ele resolveu estudar o quanto o que a gente veste influencia no nosso comportamento.

Assim, num experimento, ele deu jalecos para metade do grupo que participava do estudo, e deixou a outra metade com as próprias roupas. As pessoas de jaleco foram mais rápidas e assertivas em testes de agilidade mental. Mas será que é só vestir uma roupa, e o comportamento já muda? Para entender melhor esse efeito, eles fizeram o teste novamente e deram jalecos pra todos numa turma. Para metade disseram que o jaleco era de doutor. Pros outros, disseram que a peça era um jaleco de pintor. As pessoas que usaram o jaleco de pintor não tiveram melhora nenhuma em sua performance, mas as que vestiram jaleco de doutor, sim.

Ou seja, não basta vestir a roupa. O que faz você se sentir e agir de forma diferente é todo o significado que você, e seu meio social como um todo, associam àquela indumentária.

Ainda no século XX, em Harvard, William James, considerado o pai da psicologia americana, já falava, em uma de suas obras,[2] sobre como ele acreditava na importância das roupas para a construção da nossa personalidade. Ele mesmo era um cara considerado excêntrico, pois gostava de se vestir de forma "casual" pra época, além de ter uma certa preferência por gravatas chamativas.

Já a historiadora Valerie Steele diz que a moda atrai atenção por causa da sua relação íntima com o corpo físico e a identidade de cada pessoa. As roupas ficam tão próximas da nossa pele que se tornam parte da nossa identidade. Elas são como a nossa segunda pele, como diz Carolyn Mair no seu livro *The Psychology of Fashion* [A psicologia da moda].

Assim, a forma como a gente se arruma, o penteado que a gente usa, o jeito que pintamos ou não o rosto, as cores que escolhemos e o modo como combinamos as peças, o sapato que calçamos (aliás, é impressionante como sapato é uma coisa que a humanidade valoriza desde sempre)... Tudo isso manda mensagens para todas as pessoas com quem interagimos, ajudando a dizer mais sobre quem nós somos.

Sabe aquele ditado "a primeira impressão é a que fica"? Pois é, ele tem bases científicas.

Nós, humanos, fazemos julgamentos sobre os outros baseados, primeiramente, em sua aparência. Isso não é intencional, e acontece em questão de milissegundos. Em 2014, neurocientistas do MIT descobriram que o cérebro humano consegue identificar imagens em apenas 13 milissegundos. A pesquisadora de ciências cognitivas e do cérebro e autora desse estudo, Mary Potter, diz que a função dos olhos é não apenas a de levar

2   JAMES, Willliam. *The Principles of Psychology*. Dover publications, 1955.

informação para o cérebro, mas também a de permitir que ele pense rápido o suficiente pra decidir o que a pessoa vai olhar em seguida.

E assim, num piscar de olhos, julgamos e somos julgadas. É um instinto natural desde o início dos tempos, quando a nossa aparência identificava nosso grupo, nosso sexo e nossa posição nas hierarquias sociais. Opa! Não é que é assim até hoje? Mas a nossa sociedade (e consciência) são muito mais complexas que há 50 mil anos.

Pesquisas recentes comprovaram que o nosso visual transmite características de personalidade, sociabilidade, competência e inteligência. A moda influencia na forma como somos vistos e tratados. Logo, ela mexe com a nossa autoestima.

Podemos dizer que a autoestima é uma construção que começa na infância e continua até a idade adulta, talvez por toda a vida. Esse sentimento de confiança, de satisfação com a própria identidade, vai sendo forjado numa via de mão dupla. De dentro pra fora, quando trabalhamos nossa segurança interior, e de fora pra dentro, pelas respostas que recebemos do mundo. E isso inclui todas as reações ao que fazemos, dizemos, nossas conquistas e nossa aparência.

Um dia, no aeroporto, eu estava na fila do banheiro. Na minha frente tinha uma garotinha, de uns 6 anos, com um laçarote rosa na cabeça. Eu olhei pra ela, sorri, pratiquei a técnica positiva e disse que o laço do cabelo dela era lindo! O sorriso gigante que ela me deu fez carinho no meu coração. Me senti bem por horas depois de ter provocado aquela reação tão positiva em alguém. Um elogio sincero é tão poderoso para quem recebe quanto para quem o oferece. Se a gente lembrasse disso sempre, elogiaríamos mais as mulheres a nossa volta. Crianças, adolescentes, adultas, idosas... todas.

A aparência é importante na maneira como vemos e pensamos sobre nós mesmos. O ser humano gosta de aprovação, gosta de receber feedback positivo sobre si e gosta de se sentir parte de um grupo. Assim, a gente vai moldando as percepções positivas a nosso respeito. Fazemos isso com base no retorno que temos de pessoas próximas, da sociedade na qual estamos inseridos, da mídia e da cultura do nosso momento.

Por falar em cultura, a gente precisa entender o poder que essa palavra exerce sobre o nosso relacionamento com a moda. Hoje em dia é comum relacionarmos a palavra cultura apenas a manifestações artísticas, como música, exposições, teatro. Mas cultura tem mais relação com o modo de vida de um determinado grupo em um dado momento histórico. Você já parou pra pensar quando foi que comprar roupas a cada troca de coleção virou parte da nossa "cultura do consumo"? Cultura do consumo é quando uma coisa nova (tendência) passa a ser hábito (acessível), e, de tanto ser repetida por aí, se torna parte de quem nós somos. Bom, mas a "cultura do consumo" se conecta diretamente com a "cultura da moda". Nesta última, o consumo nos define. Nos definimos depois de pensar no que temos no nosso guarda-roupa. E a cada mudança de estação, a gente é estimulada a ter vontade de usar coisas novas e deixarmos de nos identificar com peças que já temos.

A gente precisa falar sobre essa cultura de moda. Ela manifesta muitas questões que mexem com o psicológico da gente, enquanto indivíduos e também como sociedade, em lugares do mundo inteiro. A influência da cultura de moda em nossas vidas é enorme. Porque ela é referência pra toda a produção de roupas, filmes, novelas, séries, revistas, clipes, publicidade, brinquedos e até desenhos infantis.

Pode reparar. De *Cinderela* a *Três espiãs demais*, *She-ra* nova geração, *Frozen*, *Carmen Sandiego* e *Mulher Maravilha*, o que todas elas têm em comum? Corpos que parecem com os das modelos que desfilam nas passarelas de alta-costura.

E essa cultura da moda, derivada da cultura do consumo, foi criada para servir aos interesses econômicos de governos e empresários que transformaram cultura do consumo em cultura do capitalismo, com um único objetivo: fazer eu e você gastarmos cada vez mais. E sabe o que é mais estranho nessa história? No livro *Cultura do consumo*, Isleide Arruda Fontenelle diz que a palavra "consumir" tinha um caráter negativo até meados do século XIX. Consumir era associado a destruição ou a gasto. O termo só passou a ser empregado como o usamos hoje com o surgimento do marketing, no século XX. Além disso, não tem como negar: em toda a história do marketing, a moda sempre foi divulgada como assunto de mulher, e, por isso, seria raso, fútil.

Criar uma narrativa de que a moda era assunto fútil, irrelevante por ser de interesse feminino, contribuiu muito para reforçar ideologias sexistas na população. Como diz a autora Tansy E. Hoskins no livro *Stitched Up* [Costurado], "a essência de uma ideologia é a habilidade de legitimar o poder da classe social que está no controle. Moda é peça-chave à ideologia. Ela legitima o poder de tal forma que só pelo fato de trocar de roupas, se 'adequar' ao padrão da moda vigente, você consegue acessar o prestígio da classe dominante". A moda foi muito usada para fortalecer as ideologias sexistas, elitistas e racistas.

> **"O verdadeiro propósito da roupa é universal.**
> **É sempre uma combinação de sexo e política."**
> Anne Hollander, autora de *Seeing Through Clothes.*

Pense em quantos filmes em que, de repente, só por mudar de roupa, a protagonista experimenta todos os privilégios da classe dominante. De *Aladdin* a *Uma linda mulher* ou *O diário da Princesa*. As personagens não mudaram, elas só trocaram de roupas. E então, como num passe de mágica, elas começaram a ser bem-tratadas.

Assim, geração após geração, a cultura popular consolida a ideia de que, pra sermos felizes e bem-sucedidas, precisamos nos vestir como "gente rica". Quantos *reality shows* realizam a transformação do visual de mulheres, a fim de alinhá-lo com as expectativas da sociedade? Tudo isso reforça a ideia de que só existe um padrão de sucesso, legitimando ainda mais o poder da classe dominante. Afinal, se vestir como ela, parecer com ela, é a recompensa e o sinal de que você chegou lá.

É por isso que toda vez que uma tendência se populariza entre as massas, ela "sai de moda", se torna cafona e não mais desejável. A exclusividade é um fator importante pra manutenção do poder.

Falar de poder importa. A moda se articula como uma estrutura de poder. Nela, suas autoridades (a elite – que já foi a nobreza, como Maria Antonieta, e agora é a burguesia, com seus especialistas) "ditam" o que será moda, ao mesmo tempo que dizem o que já não importa mais para a próxima estação. Definem, assim, o que é de "bom gosto" e o que não é. Essa estrutura ditatorial que foi fortalecida por tantos anos está vendo a sua ruína. Isso porque a manutenção desse poder exige um esforço muito maior diante do crescimento do acesso à informação e à internet. Cada vez que mais pessoas deixam de sofrer interferência dessa estrutura de poder da moda para decidir o que querem vestir, mais forte fica a rede de referências. As marcas que quiserem continuar no jogo precisam prestar atenção às novas referências e influências sobre as decisões de compra de moda: e a sua inspiração, agora, está na vida real.

Agora, para provocar e deixar você pensando um pouquinho: a sua influenciadora favorita reproduz essa estrutura ditatorial elitista, ou está te dando informação para você ganhar autonomia e fazer cada vez mais escolhas de moda adequadas ao seu dia a dia? Ela diz o que você "tem que ter" para "parecer" bonita? Ou ela te ajuda a se olhar no espelho e aprender a amar o que vê, e a ter coragem pra experimentar e se permitir descobrir novas sensações através do que você veste? Ela te inspira a conhecer e a recriar novas versões de você mesma?

Essa ideia de que só nos vestindo como "gente rica" atingimos nossos objetivos ajudou a consolidar, geração após geração, a ideia de que existe uma única aparência de sucesso. É nisso que a cultura de massa faz a gente acreditar, através de suas inúmeras histórias de transformação em que todos os resultados buscam se aproximar do mesmo ideal.

Como você pode perceber, moda pra mim é muito mais que o universo de revistas, desfiles e alta-costura. É mais que "o que usar para esconder quadris largos?" ou "baixinha não pode usar saia midi".

Moda tem um potencial enorme de fazer a gente se sentir bem, de aprimorar nosso bem-estar, contribuir positivamente com a nossa autoestima, com a forma como nos sentimos, agimos e pensamos. Moda é a representação de um povo. É parte de sua cultura. Quando as pessoas olham pras revistas, podem achar que pessoas gordas praticamente não existem, que pessoas negras são raríssimas. E pra conseguir tirar todas essas vantagens e esses benefícios da moda, você vai precisar se reprogramar. Desconstruir a forma como você conhece, pensa, usa a moda, pra poder, então, começar a usar a moda a seu favor.

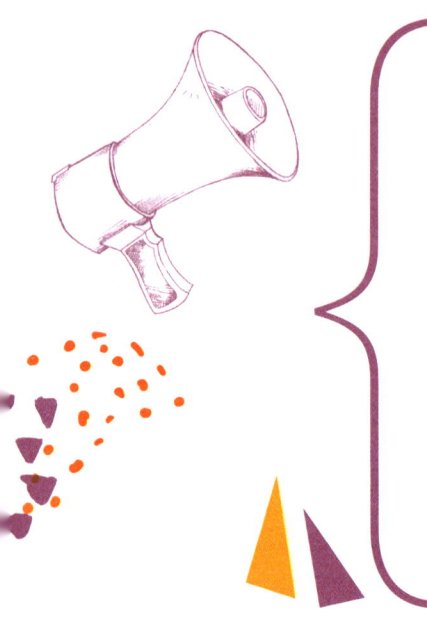

FATOS SOBRE MODA

Nossa vontade de saber quem estava usando o quê no tapete vermelho foi o gatilho para que o Google criasse a busca por imagens. A invenção aconteceu em 2000, depois que Jennifer Lopez apareceu no Grammy usando um vestido verde esvoaçante da Versace. Assim, a cantora "quebrou a internet" pela primeira vez, fazendo muita gente buscar por mais informações sobre o tal vestido.

NÃO SOU MAGRA E AMO CROPPED. USO SEMPRE!
BAIXINHA NÃO PODE USAR MIDI? PODE SIM!
TÊNIS NÃO É PRA BALADA? É SIM!

ME LIBERTEI DE "PRECISAR DE TODAS AS TENDÊNCIAS"

DIZEM PARA USAR AS ROUPAS MAIS BONITAS E CARAS SOMENTE NOS FINS DE SEMANA. ME LIVREI DISSO E COMECEI A VESTIR O QUE QUERIA PRA IR TRABALHAR, E IR PRA QUALQUER LUGAR!

POR SER GORDINHA, NÃO USAVA BODY NEM CALÇA POR CIMA DA BLUSA. HOJE EU USO TUDO SEM MEDO.

ABANDONEI SALTO ALTO HÁ ANOS! SOU GORDINHA E ADORO USAR BERMUDAS, SHORTS, TÊNIS. NA MINHA VIDA QUEM MANDA É O CONFORTO!

ME LIBERTEI DA OPINIÃO DOS OUTROS!

"A verdade te libertará, mas primeiro ela vai te irritar."

GLORIA STEINEM

CAPÍTULO 2

BREVE HISTÓRIA (FEMINISTA) DA MODA

**"Roupas não fazem revolução,
as mulheres que as vestem sim."**
Anne Klein

Durante um breve período da minha vida, cogitei ser arqueóloga. Sempre fui apaixonada por História, então queria encontrar uma profissão que fosse relacionada a minha matéria favorita. Um dia, achei um guia de profissões na biblioteca do colégio – onde passei muitos recreios, preferindo a companhia de livros a de outros seres humanos (quem nunca?). Ali fui apresentada a um monte de profissões diferentes e fiquei fascinada pela arqueologia. Imagina descobrir artefatos históricos, conhecer diferentes civilizações, ter contato com culturas do mundo inteiro. Meu sonho? Sim.

Influência de Indiana Jones? Muito, com certeza. Essa vontade obviamente passou quando me aprofundei nos pré-requisitos para exercer a profissão. Não era exatamente o estilo de vida que eu queria pra mim. Mas, de aspirante a arqueóloga, me tornei profunda admiradora desse campo de estudos. E curiosa. Assim, fiquei viciada em museus, livros e pesquisas históricas na internet.

Bom, se no colégio História era minha matéria favorita, na faculdade de Moda isso não ia ser diferente. Eu amava estudar a história da moda e entender como cada período tinha uma estética definida pelo seu ambiente cultural e econômico. Sempre gostei muito de me aprofundar nos assuntos de meu interesse, e desde o início do blog este foi também um dos diferenciais dos meus posts. Eu gostava de falar de tendências, compartilhar o contexto cultural, a atitude por trás da criação ou da popularização daquela peça ou de um visual. Eu queria saber qual era a mensagem que cada tendência passava.

Claro, esse meu interesse pela história das coisas extrapolava os limites da moda. Quando comecei a me interessar pelo feminismo e a estudar a trajetória da libertação das mulheres, tracei um paralelo com a história da moda. Dava para perceber que tem muita coisa incoerente. Então me dei conta de que todas as narrativas de moda que eu conhecia foram criadas por homens. Era a visão dos homens sobre as roupas das mulheres, sobre o que eles acreditavam que era a vontade delas. Percebi, assim, que eu precisava descobrir a história da moda pelo olhar das mulheres.

Conhecer a história é importante. Informação é poder. Empoderamento se fortalece através da troca de saberes.

Este não é um livro de História, nem se propõe a ser. Mas escolhi trazer alguns recortes sobre a evolução da moda (considerando como moda as mudanças de roupas e aparências adotadas por grupos de pessoas) que nos ajudam a entender e desconstruir as ideias sexistas presentes na forma como a gente pensa e usa a moda hoje.

Por isso, vamos lá pro início da história da humanidade:

COMO SURGIRAM AS PRIMEIRAS ROUPAS?

As roupas são muito mais antigas do que você pode imaginar. Pesquisadores acreditam que elas podem ter surgido há mais de 170 mil anos.[1] Como já contei, os primeiros humanos começaram a usar roupas para se proteger das intempéries e também pra seduzir, se diferenciar ou se identificar com os seus. E o desenvolvimento das primeiras vestimentas requisitou uma tecnologia importantíssima pra perpetuação da vida humana neste planeta e que é subvalorizada: as cordas.

Sim, foi a invenção dos fios e das cordas que mudou a história da humanidade e permitiu um salto do raciocínio imaginativo e da qualidade de vida das pessoas. A arqueóloga têxtil Elizabeth Wayland Barber chama o período de "Revolução das Cor-

---

[1]   Ver artigo de Melissa A. Toups *et al.* (2011).

das".[2] Então foi possível fazer redes, cestos, carregar bebês (olha aí o sling), comidas e ferramentas, além de aumentar a potência da força humana através da física. As cordas foram fundamentais pra sobrevivência dos nossos ancestrais.

Com a criação dos fios tudo mudou, e novas ferramentas foram desenvolvidas para aumentar suas possibilidades de uso. Assim surgiram as agulhas. E a costura fez com que as vestes adquirissem uma nova funcionalidade, além da estética. Tornou-se possível costurar pedaços de peles de animais, o que permitiu que os humanos migrassem mais pro norte, sobrevivendo em climas mais frios e resistindo à Era do Gelo. A agulha mais antiga data de 50 mil anos e foi encontrada numa caverna na Sibéria. Desde que a noção de alinhavar pequenas partes de tecido e moldar peças ao corpo foi concebida, a roupa nunca mais foi a mesma, especialmente quando falamos de corpos femininos e masculinos (o que dá um livro inteiro, só deste assunto).

A (DESCONHECIDA) REFORMA DO VESTUÁRIO

Um episódio a que os livros de moda não costumam dar muita atenção é que houve toda uma movimentação de mulheres pra criar uma reforma no vestuário feminino no século XIX.[3] Mulheres que já se organizavam pra questionar as estruturas de poder da sociedade queriam que suas roupas fossem mais confortáveis, práticas e dessem a elas mais autonomia.

Qualquer semelhança entre esse período histórico e as reivindicações atuais das mulheres com a moda não é mera coincidência.

O movimento da "Reforma do Vestuário" ganhou força quando conseguiu o apoio da editora do jornal *The Lily*, a primeira publi-

---

2 BARBER, Elizabeth Wayland. *Women's Work*: The First 20,000 Years: Women, Cloth, and Society in Early Times. New York: W. W. Norton & Company, 1995.

3 Você pode conhecer mais em: <https://www.accessible-archives. com/2019/05/notes-dress-reform-convention-1856/>

cação editada e direcionada a mulheres dos Estados Unidos — isso em 1849. Amelia Bloomer foi a primeira mulher a ter, operar e editar um jornal. O slogan do *The Lily* era: "Dedicado aos interesses das mulheres", e nas suas páginas eram publicados artigos em defesa dos direitos femininos, de combate às injustiças sociais e à desigualdade.

Amelia sabia que as mulheres eram limitadas por aquelas roupas que pareciam gaiolas, feitas pra nos prender. Roupas deveriam ser abrigos, não uma cela. Uma de suas principais colaboradoras, a ativista Elizabeth Cady Stanton, escrevia que a cintura apertada e as saias longas privavam as mulheres de toda liberdade, e as forçavam a precisar de ajuda de um homem em cada turno.

Assim, ela começou a promover novas ideias de moda feminina, e se tornou grande entusiasta do look criado por Elizabeth Smith Miller, composto de calças amplas como as usadas no Oriente Médio e Ásia Central, acompanhadas de um vestido mais curto.

Amelia não só adotou o visual, como começou a falar sobre as vantagens práticas de usar esse estilo e a dar dicas de costura pra que as mulheres pudessem reproduzi-lo. A ideia era que as mulheres da classe média se livrassem dos vestidos pesados e ganhassem mais mobilidade para se libertar do ambiente doméstico e ocupar a cidade pra conquistar o direito ao voto e a ter emprego.

Era uma moda criada por mulheres pensando na necessidade das mulheres. E é claro que isso foi um escândalo pra sociedade da época. As adeptas desse visual, em sua maioria ativistas pelos direitos das mulheres, sofreram retaliação da sociedade tradicional, pregadora dos bons costumes.

Como essas mulheres tinham a audácia de vestir calças? Nessa época, as calças estavam diretamente ligadas à masculinidade. Eram consideradas símbolo do poder masculino. Mulheres usarem calças, pra sociedade da época, era usurpar os direitos dos homens. A masculinidade, você vê, é um negócio frágil desde sempre. Pro frágil ego masculino, ver mulheres usando calças era uma afronta ao seu poder. E não deixava de ser, né?

As mulheres queriam ter autonomia pra trabalhar, votar, circular pelas ruas e controlar seu próprio dinheiro e seus bens. Mas aquelas que tiveram coragem pra usar o novo estilo foram ridicularizadas e insultadas, nas ruas e pela imprensa tradicional, que usava a aparência das mulheres pra invalidar suas causas sufragistas.

Assim, "O Estilo Bloomer" acabou sendo deixado de lado para que se pudesse focar nas causas mais importantes. Essas mulheres foram visionárias. E elas podem não ter conquistado, naquele momento, o direito de as mulheres usar calças livremente. Mas a resistência delas foi o estopim de toda a revolução cultural do vestuário feminino no século XX.

O MITO DA QUEDA DO ESPARTILHO

Espartilhos estão entre as peças mais míticas do vestuário feminino. Vestimentas com a forma dos espartilhos aparecem em diversas culturas da Antiguidade, sempre como símbolo de exaltação da fertilidade feminina.[4]

O espartilho é o nosso pré-sutiã. Ele era usado pra dar sustentação aos seios e exaltá-los. Em muitas civilizações era a estrela do visual, sendo usado por cima das vestes. Só séculos depois é que essa peça passou a ser usada debaixo das roupas.

O espartilho começou a ser usado do modo como a gente conhece no século XVI. Ele se popularizou com a Rainha Catarina de Médici, que era fã da peça. Antes de Maria Antonieta nascer, Catarina usava a moda pra garantir seu poder na corte francesa. E, como conversamos no capítulo 1, muitas vezes as mulheres preci-

---

4   STEELE, Valerie. *The Corset: A Cultural History*. New Haven: Yale University Press, 2003.

sam se enquadrar aos padrões de beleza para serem valorizadas. Esta era a época do Renascimento, onde os ideais de beleza gregos foram resgatados e exaltados entre a classe dominante. Especialmente na Itália, país de origem de Catarina.

Nessa época, a principal função de uma mulher na sociedade era arranjar um bom marido pra casar e ter filhos. Os espartilhos se mostraram uma útil ferramenta nesse jogo de sedução, já que seu formato exaltava as características do ideal de beleza clássica do corpo feminino. Uma mulher que usasse a peça pareceria mais esbelta, curvilínea (exaltando seus seios e quadris, símbolos de fertilidade) e jovem.

Assim, os espartilhos modelavam o corpo e as atitudes femininas de acordo com o padrão de beleza e as expectativas sociais vigentes no período.

Durante o século XVII, os espartilhos eram usados pra empurrar os seios pra cima e deixar o tronco alongado. Já no século XIX, seu desenho era feito para acentuar a cintura e os quadris. E no início, espartilho era item de alto luxo! Coisa de rainha mesmo. Uma peça caríssima e que era feita sob encomenda seguindo as medidas da mulher que ia usar. A Revolução Industrial transformou o espartilho num produto de massa. Assim, ele se tornou a estrela da moda.

Além de modelar a silhueta, os espartilhos também alteravam a postura, os gestos e movimentos da mulher. O comportamento feminino idealizado era o de gestos delicados, comedidos, "elegantes".

Antes de surgirem as dietas para perda de peso, a quantidade de comida que a mulher poderia ingerir era controlada pela pressão que o espartilho causava em sua barriga. Aliás, eles também faziam os órgãos internos mudarem de posição, o que provocava constipação e indigestão.

A atriz Lily James, que usou espartilhos durante as gravações do live action de *Cinderela*, contou que não conseguia comer direito quando estava usando os corsets nas gravações. Ela mal conseguia engolir e tinha dificuldade de digestão. Assim, durante as gravações, a atriz teve que fazer uma dieta líquida para se alimentar apropriadamente.

O ritmo de respiração da mulher também é alterado, com o tórax todo comprimido. As atrizes Rachel Weisz e Emma Stone, que usaram espartilhos nos figurinos do filme *A favorita*, contam que tinham dificuldade de respirar, de tão apertados que eram esses acessórios. O uso do espartilho logo se tornou uma imposição social às mulheres da sociedade. Mulher "direita", "respeitável", "de família" não sairia à rua se não estivesse usando espartilho.

Mas, mesmo com espartilhos, as mulheres começaram a levantar sua voz e reivindicar seus direitos, sua autonomia e sua liberdade. Quanto mais o movimento sufragista crescia, mais apertados se tornavam os espartilhos. Acho muito simbólico. Eles queriam sufocar mesmo as mulheres.

Na real, o espartilho só caiu em desuso mesmo, mesmo, por causa das Grandes Guerras. Os materiais utilizados na produção dessas peças passaram a ser necessários pra fabricação dos itens de guerra. Assim, os corsets deixaram de ser estruturas rígidas feitas de madeira e ossos de baleia pra dar lugar a faixas elásticas, as famosas cintas, acompanhadas de dietas restritivas. O reinado do espartilho podia até ter chegado ao fim, mas a obsessão pelo corpo feminino, não.

Mesmo assim, o fim da moda do espartilho é frequentemente usado como símbolo da libertação feminina. E esse é um equívoco que por muitas vezes eu mesma cometi. A ~queda do espartilho~ não tem nada a ver com a libertação das mulheres. As mulheres continuaram presas na idealização de um corpo feminino padrão.

É importante dizer que os espartilhos, assim como os saltos altos, não são os grandes vilões da história das mulheres. O problema está na imposição do seu uso. Quando, antigamente, obrigavam as mulheres a usar espartilhos pra frequentar ambientes sociais, ou quando nos obrigam a usar salto alto pra trabalhar, o que ocorre é um controle sobre o corpo e a mente dessas mulheres.

Porque, além da reação física, a moda desperta muitos gatilhos mentais sobre a forma como você age e pensa.

AS ROUPAS FUNCIONAIS DA GUERRA

Quando a guerra chega, tudo muda. Principalmente quando ela atinge proporções globais como a Segunda Guerra Mundial. Enquanto os homens eram convocados pra se alistar no Exército, as mulheres foram chamadas pra ocupar os postos de trabalho deixados por eles nas fábricas. Havia racionamento de tecidos e de materiais. As mulheres passaram a encarar uma jornada dupla, no ambiente do trabalho e em casa, e precisavam de roupas que permitissem que elas exercessem plenamente suas funções.

Assim, surgiu a moda utilitária. O governo inglês criou uma série de parâmetros para oferecer roupas baratas, funcionais, confortáveis e de excelente qualidade (pois eram feitas pra durar) para a população. E as peças ainda faziam as trabalhadoras parecem bem-vestidas, como diziam publicações da época. E é muito verdade! Olha esses lookinhos:

Quando a guerra acabou e os homens voltaram pra casa, mais de 1 milhão de mulheres foram demitidas.

UM NEW LOOK PARA REFORÇAR VELHAS IDEIAS

Dois anos depois do fim da guerra, o homem que desenhava roupas para as viúvas de oficiais nazistas e seus colaboradores franceses lançou uma coleção que mudou os rumos da história. Era o New Look, de Christian Dior.

O visual combinava com a agenda política que precisava fazer com que as mulheres voltassem para a vida doméstica. Assim como no século anterior, a silhueta com cintura marcada valorizando busto e quadris exaltava a fertilidade. As mulheres precisavam procriar. Se dedicar à casa, ao marido e aos filhos novamente.

Mas não é só isso. Um dos patrocinadores de Christian Dior era um cara chamado Marcel Boussac, o maior industrial francês da época. Conhecido como "Rei do Algodão", ele fez um investimento de milhões na Dior. Ele acreditava que os modelos criados por Dior iriam revitalizar a indústria da moda francesa e o mercado têxtil como um todo. Só uma saia do "New Look" do Dior levava mais de 14 metros de tecido (!). E, nesta época, tudo passou a ser forrado: sapatos, bolsas e cintos. Quanto mais tecido cada peça gastasse, melhor.

E ele estava certo. Logo toda a indústria da moda estava dedicada a fazer esse novo look ostentação acontecer. Houve ampla divulgação na imprensa, nas vitrines das lojas e em filmes.

Mas o que quase nenhum livro de moda fala[5] é que houve protestos contra o novo look. As mulheres da classe trabalhadora queriam que o governo legislasse contra o desperdício de tecido deste modelo. Mas não adiantou, porque o governo não se importava com mulheres trabalhadoras. Agradar os industriais que queriam lucrar com essa moda era muito mais importante. Elas é que tinham que voltar pro lar e buscar a "feminilidade perdida" nos tempos da guerra.

---

5   O que não é o caso de *Stitched Up*: the anti-capitalism book of fashion, de Tansy E. Hoskins (2014).

SALTO ALTO

Esse livro precisa dedicar uma página ao salto alto, e não só pela importância que é dada a ele pela sociedade, mas pela quantidade de significados que ele carrega. Eles inicialmente foram criados pra serem usados pelos homens. Ficaram famosos nos pés do Rei Luís XIV da França, o primeiro a usar solado vermelho. Mas muito antes do rei, foi uma mulher, a Catarina de Médici, quem se inspirou nos sapatos ~exóticos~ do Oriente para mostrar seu poder no dia da sua coroação.

Mas o salto alto nunca foi um sapato para o dia a dia. Até o século XX. Quando chegou ao Brasil, o salto alto já significava poder, e passou a calçar pés femininos num novo ideal de beleza e comportamento. Sim, os saltos altos interferem na nossa locomoção, na nossa velocidade e no nosso bem-estar. Para nós, brasileiras, o salto alto tem um quê de fetiche (por ~empinar os glúteos~). Uma lida rápida em Freud, no ensaio "Fetichismo", já nos mostra como até o salto alto se tornou elemento opressor físico e emocional das mulheres, fazendo todas nós acreditarmos que não podemos nos apresentar socialmente sem estar nos equilibrando em saltos desconfortáveis que, muitas vezes, podem ser comparados a objetos de tortura.

Nos tapetes vermelhos e em revistas de moda, eles dominam os looks, com 10, 15, 20 centímetros. É quase impossível acreditar que esses sapatos sirvam mesmo para andar. Nas novelas e nos filmes, eles praticamente fazem parte dos corpos das atrizes. O nosso mercado de trabalho também incorporou essa postura do uso de saltos para algumas profissões. Fico me perguntando se quem inventou essa ideia de impor às mulheres o uso do salto alto também usava salto todo dia, o dia inteiro. E acaba que muitas vezes essa é a única referência que a gente tem pra parecer mais adulta, mais elegante, mais sexy, mais ~feminina~. Se é só isso que a gente conhece, é só isso que a gente vai reconhecer como belo e adequado.

Você já parou para pensar por que você usa (e até gosta de) salto alto? Tentando responder a essa pergunta, você sentiu que a única resposta cabível é "porque são bonitos" ou "porque todo mundo usa"? Está na hora de se questionar! Sapatos de salto alto deveriam ser um recurso, como foi para Catarina de Médici e Luís XIV, não uma obrigação.

Mas estamos começando a combater essa imposição: em 2015, durante a premiação do Festival de Cinema de Cannes, um grupo de mulheres de aproximadamente 50 anos foi expulso da exibição de gala do filme *Carol*. O motivo? As mulheres não estavam usando sapatos de salto. Anonimamente, uma das envolvidas disse à revista *Screen Daily* que "as mulheres, muitas delas com problemas médicos que as impedem de usar salto, não puderam comparecer ao festival por usar sandálias rasteiras". No ano seguinte, Julia Roberts passou pelo tapete vermelho descalça, e muita gente viu o gesto da atriz como um apoio ao movimento de algumas de suas colegas contra estas regras de vestimenta. Em 2016, divulgou-se uma pesquisa na Inglaterra mostrando que as vendas de tênis superaram as vendas de salto alto, que continuam em queda desde então. Agora, em 2019, no Japão, a atriz Yumi Ishikawa lidera um movimento que apresentou uma petição ao governo pedindo uma lei que proíba os empregadores de forçar as mulheres a usarem salto alto em ambiente de trabalho. O grupo alega que isso constitui discriminação sexual e assédio moral.

Preciso deixar uma coisa clara: eu não quero dizer que você não pode usar salto alto. Tá tudo bem se você quiser usar, quando você quiser usar. Só quero que você pare e reflita sobre por que você usa e por que quando não está de salto você se sente inferior/desarrumada/deselegante. Entende?

A REVOLUÇÃO DA JUVENTUDE

Depois da Segunda Guerra, o mundo nunca mais foi o mesmo. A ascenção do American Way of Life e a prosperidade econômica brasileira deixaram os jovens rebeldes. Sua inquietação fez com que eles começassem a contestar o sistema. Eles queriam se afastar dos valores do passado e, pra isso, criaram seu próprio estilo, com uma estética que fosse bem diferente daquela antiga, dos seus pais. Para os jovens, fazer escolhas de moda de acordo com o espírito do tempo (suas referências, seus ídolos) significava também participar de um grupo além do núcleo familiar. Essa atitude mostra pro jovem que ele faz parte de algo maior.

Logo os garotos trocaram os ternos formais pela camiseta e calça jeans. As mulheres começaram a usar calças, bermudas e roupas mais leves, menos estruturadas, com maior liberdade de movimentos.

Os tecidos sintéticos surgiram e começaram a fazer sucesso no mercado, pois eram mais baratos e fáceis de cuidar. Assim, a moda acabou se adaptando e criando visuais menos estruturados e mais casuais. O estilo jovem estava em efervescência com a criação de novas peças e estilos proporcionados pela evolução da tecnologia têxtil em materiais sintéticos e pigmentos.

A moda teve um papel muito importante no empoderamento da juventude. Assim, as roupas passaram a ser um símbolo de resistência, um símbolo do que pode ser novo e fresco na sociedade.

Nos Estados Unidos dos anos 1960, o movimento negro ganhava força com a luta pelos direitos civis. Mais mulheres entravam nas universidades, a juventude começou a ganhar mais consciência, força social e visões políticas próprias.

A juventude ia acreditando em sua voz e começava a abrir espaço pra mudar os valores da sociedade.

A indústria da moda, que sempre viveu por uma novidade, aproveitou muito bem esse momento. Eram tempos de Swinging London, rock 'n' roll, dos Beatles, da Jovem Guarda e suas guitarras elétricas. O consumo de moda fervia. As televisões invadiram as casas e abriram uma janela pro mundo.

A pílula anticoncepcional foi lançada e as mulheres começaram a reivindicar o controle sobre seus corpos de novos jeitos. A segunda onda do feminismo ganhava força como consequência do lançamento de *A mística feminina*, de Betty Friedan, que encorajou mulheres a contestar seu papel na sociedade e a lutar pelos seus direitos reprodutivos e sexuais. Era a Revolução Sexual.

Como bem apontou bell hooks: "O movimento feminista incentivava as mulheres a parar de nos ver e de ver nosso corpo como propriedade do homem."[6]

---

6   HOOKS, bell. *O feminismo é para todo mundo*. Rio de Janeiro: Rosa dos Tempos, 2018.

Foi a era dos biquínis e das minissaias. No Brasil, a liberdade de Leila Diniz escandalizava a sociedade tradicional, como quando ela cometeu a ousadia de aparecer nas areias de Ipanema com um biquíni, exibindo sua barriga de grávida. O que Leila dizia chocava tanto que, após uma entrevista em que ela falava sobre sua liberdade sexual, foi instaurada a censura prévia no Brasil.

Depois de toda a overdose de consumo, o movimento hippie chegou propondo que as pessoas repensassem seus valores e lutassem por igualdade. Elas começaram a buscar reconhecer a sua estética natural. O movimento Black Power surgiu com negros usando seus cabelos soltos, ao natural.

Os gêneros ficaram mais fluidos, com homens e mulheres deixando o cabelo crescer e usando roupas cada vez mais parecidas. Eram tempos de experimentação e liberdade na moda. A resposta cultural a toda onda de conservadorismo e perseguições políticas de líderes como Angela Davis.

Nos anos 1980, a onda feminista baixou. Muitas mulheres se afastaram do movimento. Elas tinham avançado muito e o contra-ataque do patriarcado veio com força total. Ao mesmo tempo, saíam as cores naturais e entram os sintéticos, brilhantes. Essa foi a década mais colorida de todas. Era um jeito de estimular de novo o consumo.

E era isso que estas mulheres dos anos 1980 estavam buscando. Conforme foram conquistando mais espaços no mercado de trabalho, elas foram questionando as estruturas de poder através dos seus looks. Emulando uma estética masculinizada para impor respeito.

Só que aaaahhhh se fosse fácil assim, né? As mulheres não podiam ser masculinas demais, nem femininas demais. Não importava o que a mulher fizesse, ela sempre seria julgada. A obsessão pelo corpo se intensificava. Quanto mais mulheres assumiam posições de liderança em empresas, mais corpos femininos jovens e ~perfeitos~ eram expostos, com cada vez menos roupa. Incentivando a meritocracia da beleza e do auto-controle: "você quer, você conquista". Não é sobre a beleza, é sobre a atitude que queriam das mulheres.

Isso se refletia no corpo das modelos, que pareciam personificações das amazonas gregas. Elas ficaram poderosas. Linda Evangelista deu uma entrevista na qual falava que não levantava da cama por menos de 10 mil dólares. Ela sabia do seu valor.

Quando um grupo de mulheres está muito poderoso, unido e seguro de si, o que o patriarcado faz? Acaba com elas. Assim, as mulheres adultas dos anos 1980 foram substituídas por adolescentes com baixíssima autoestima nos anos 1990.

Garotas extremamente jovens são mais suscetíveis a fazer atividades desagradáveis e desconfortáveis por lhes faltarem experiência, confiança e até coragem de recusar propostas indecentes. O assédio sempre foi normalizado. Então, durante muito tempo, denunciar não adiantava de nada. Se tratava de gente poderosa. Homens poderosos. As coisas só começaram a mudar em 2017, com o surgimento do movimento MeToo.

As revistas que eram direcionadas para mulheres adultas de 35, 40 anos começaram a expor em suas páginas adolescentes de 14, 16 anos como o novo ideal de beleza a ser conquistado.

O crescente avanço nas tecnologias dos anos 1990 fez com que a gente tivesse muito mais acesso, bem mais rápido, a imagens de moda. Os clipes de bandas de rock passaram a ser estrelados por modelos, e cantoras e atrizes começaram a parecer cada vez mais com elas. No Brasil, a gente tinha mulheres dançando na boquinha da garrafa e sendo expostas seminuas em banheiras todo domingo à tarde.

Atrizes cada vez mais se assemelhavam às modelos e não às mulheres comuns. Quando as atrizes começaram a se tornar estrelas das revistas de moda (a Era Anna Wintour), cada vez mais pessoas sonhavam com o estilo de vida glamourizado vendido pelas marcas em seus anúncios.

O MOVIMENTO #METOO

Em 2017, as coisas, enfim, avançariam para as mulheres. Depois de muitos anos de silêncio, elas, finalmente, começaram a usar a internet a seu favor: com a hashtag #MeToo, denunciavam casos de estupro e assédio sexual que sofreram no passado, principalmente no ambiente de trabalho. Quem criou o movimento foi a ativista Tarana Burke, e quem popularizou a hashtag foi a atriz Alyssa Milano, ao pedir que mulheres que tivesse sofrido assédio ou violência sexual respondessem ao seu tweet com um "me too" ("eu também", em inglês).

A ideia era que, com isso, as pessoas tivessem noção da magnitude do problema. O tweet de Alyssa teve mais de 65 mil comentários e 50 mil curtidas. Desde então, uma enxurrada de denúncias surgiu contra homens da mídia, da política, da tecnologia, de diversos setores. Muitos negam as acusações. Até hoje surgem novas denúncias e novas repercussões, e a dinâmica de poder em todas as esferas, sem dúvida, ficou abalada.

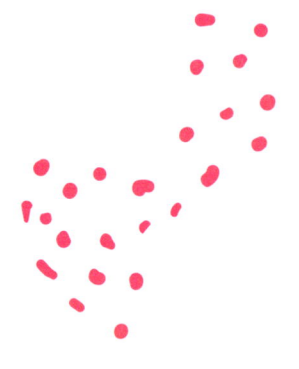

COMO O ROSA SE TORNOU COR DE MENINA?

Olha, eu sou a primeira a dizer pra você que a cor que a gente usa influencia na forma como a gente se sente. As cores despertam sensações: você pode se sentir (e parecer) mais animada, calma, confiante, amigável, poderosa... Mas as cores não têm absolutamente nenhuma relação com orientação sexual.

Mas de onde que surgiu essa ideia de que rosa é a cor da feminilidade, e azul a da masculinidade? Do sistema econômico.

Se prepare, vai começar a palestrinha:

A humanidade sempre foi fissurada em reproduzir o colorido da natureza nas suas vestes. Só que tingir roupas sempre foi um processo complicado. E, por muitas vezes, caro. Caríssimo. Por causa disso as cores nas roupas sempre foram um indicativo de status social e poder. Já houve um tempo em que vermelho só poderia ser usado pela nobreza e por membros da Igreja. Assim, qualquer reles mortal que ousasse usar a cor poderia ser condenado à pena de morte. Existiu até uma rebelião num povoado da Alemanha que, entre suas reinvindicações, exigia o direito de usar vermelho. Eles perderam a batalha e continuaram sem poder usar roupas dessa cor.

Por ser tão especial, o vermelho só era usado pelos ricos. E, entre os ricos, quem mais usava vermelho eram os homens, por se tratar de uma cor poderosa, chamativa, luxuosa. Era a cor usada por papas e imperadores. Assim, adultos usavam vermelho e crianças do sexo masculino usavam rosa, o vermelho mais claro.

Isso só em ocasiões muito especiais ou em pinturas, e mesmo assim só crianças mais velhas usavam roupas cor-de-rosa. Isso porque crianças mais novas não usavam roupa de cor nenhuma. Vestiam branco ou "cru", porque crianças tendem a se sujar mais, e roupas sem corantes eram mais fáceis de lavar.

Já o azul era cor comum, banal. Era a cor mais usada (e segue assim até hoje), porque o corante era fácil de ser produzido, a partir de uma plantinha chamada índigo. É uma cor que disfarça bem a sujeira, o que era uma coisa importante pra galera que não morava em castelos. Azul, então, era considerada uma cor de tranquilidade, delicadeza e da humildade. Assim, se tornou a cor usada nas roupas de mulheres santas. Pode reparar que, praticamente em toda imagem de Nossa Senhora, ela está com mantos azuis: Nossa Senhora das Graças, Nossa Senhora Aparecida, das Lágrimas...

==Assim, durante séculos e séculos: rosa era cor de jovens homens e azul era cor de mulher.==

Isso até meados do século XIX, quando um cientista descobriu um jeito de criar pigmentos sintéticos enquanto procurava a cura pra malária. E isso mudou completamente a relação da indústria com as cores.

Principalmente na indústria têxtil, que carregava a Revolução Industrial nas costas (das mulheres). A partir de então, para tingir tecidos eles não precisavam mais de pigmentos naturais, de plantas e insetos. Tudo poderia ser criado em laboratório, o que barateava o custo de produção e aumentava a variedade de produtos e a oferta de consumo.

Já que usar determinadas cores não era mais uma questão de status e poder devido à popularização dos pigmentos sintéticos, a galera começou a procurar outras formas de usar as cores pra fazer distinções sociais.

Assim, artigos sobre roupas de bebê do início do século XX diziam pra "sempre vestir rosa nos meninos e azul nas meninas", porque rosa era uma cor mais forte, passando a ideia de decisão, e azul era mais delicado.

O azul só começou a ser associado a meninos a partir dos anos 1930, como uma extensão das roupas de marinheiro, um estereótipo infantil clássico entre os meninos.

E o rosa, que era considerado cor infantil, passou a ser associado ao feminino. Mas logo veio a guerra e, com o racionamento de tecidos, ninguém mais dava atenção pra isso.

Tudo mudou depois da Segunda Guerra Mundial. As economias dos Estados Unidos e da Europa estavam devastadas depois da guerra e a indústria têxtil era uma das grandes apostas para a retomada econômica dos países que haviam participado do conflito, já que os Estados Unidos eram o maior produtor de algodão e a França e Inglaterra produziam tecidos e lançavam tendências.

E, depois de anos de racionamento, a indústria precisava estimular o consumo de novas roupas.

Mas não era só isso.

Como eu já havia contado, as mulheres ocuparam boa parte dos postos de trabalho, e, com o fim da guerra, os homens, agora desocupados, voltaram pros seus países em hordas e precisavam de emprego. Assim, mulheres foram demitidas para que os homens assumissem seu lugar na força de trabalho.

Só que as mulheres resistiram, né? Elas não queriam isso, porque tinham sentido o gosto de trabalhar e ser independentes. O que fazer com essas mulheres? Mandá-las de volta ao lar pra cuidar do trabalho doméstico. E pra isso foi consolidado um novo ideal, uma nova aspiração na vida das mulheres: ser uma dona de casa dedicada, mãe cuidadosa e esposa amorosa.

Esse novo ideal de mulher, de feminilidade, precisava de novos símbolos. Precisava se afastar dos tempos de sobriedade da guerra. Precisava ser alegre e amoroso pra convencer as pessoas de que este era o caminho da felicidade. Assim, o ideal de uma silhueta ampulheta inspirada nos espartilhos foi retomado com o New Look de Christian Dior: as saias rodadas, os volumes, os babados... E logo surgiu o rosa.

A ideia era estimular novos desejos para que as mulheres saíssem às compras buscando renovar seus armários e o da família inteira, aquecendo a economia e reforçando os novos valores morais.

Quando a primeira-dama dos Estados Unidos, Eisenhower Mamie, se vestiu para o baile de inauguração do mandato do seu marido, o general Eisenhower, em 1953, com um vestido rosa todo brilhante, a imagem dela apareceu em todos os lugares. Ela adorava a cor, dizia ser essa a sua favorita e a usava direto em eventos públicos. Mamie representava o novo ideal de mulher americana, dedicada ao marido e ao lar. Jornais e revistas começaram a publicar matérias sobre ela sempre cercada da cor rosa.

Pouco tempo depois, estreou nos cinemas *Os homens preferem as loiras*, com Marilyn Monroe, considerada a mulher mais sexy de Hollywood. No filme, usando um icônico vestido rosa vibrante, Marilyn entoava que "Diamantes são os melhores amigos das garotas". A letra da música, escrita por um homem, Leo Robin, também diz que, com o passar dos anos, as mulheres, diferente de diamantes, ficam velhas, com costas doídas e joelhos travados, e se recuperam na Tiffany, famosa joalheria americana. Em *É deste que eu gosto*, também de 1953, a atriz Debbie Reynolds, igualmente embrulhada em rosa, cantarola a lista de tudo que as mulheres supostamente gostam, incluindo roupas caras, joias e a frase "são os homens que pagam a conta". Esses filmes e canções exemplificam o que falei ali em cima: as mulheres precisavam voltar para casa — bancadas pelos maridos que agora podiam assumir novamente seus postos no mercado de trabalho — e, para isso, precisavam de um novo ideal (ser a mulher feminina, amorosa e alegre que aguardaria o marido) e novos padrões de consumo, para que comprassem novas roupas, novos móveis, novos eletrodomésticos, novos tudo, e fomentassem a economia em frangalhos da época. E quer melhor forma de aquecer a economia, do que fazer as mulheres acreditarem que precisavam de diamantes e coisas caras para serem felizes, do que fazê-las acreditar que precisam trocar cada item que possuíam por outro na cor rosa?

Em 1957, estreou nos cinemas *Cinderela em Paris*, estrelado por Audrey Hepburn, que retratava os bastidores de uma revista de moda. E numa das cenas mais emblemáticas do filme a personagem da editora de moda entoa:

"Banam os pretos
Queimem os azuis
E enterrem o bege
A partir de agora, garotas,
Pensem rosa"

A ideia logo virou sensação. O rosa foi chancelado como a cor da feminilidade e todas as coisas destinadas para as mulheres começaram a ser produzidas nessa cor: roupas, secadores de cabelo, maquiagem... até a pia da cozinha.

E o resto é história, né? A ideia de o rosa ser cor feminina se propagou como um vírus no capitalismo. E quando os testes para descobrir o sexo do bebê ainda na gravidez se popularizaram, aí que o bagulho ficou doido. Vide o que a gente tem hoje com o chá de revelação, onde o povo descobre o ~sexo da criança~ através de recheio de bolo ou fogos de artifício (podendo até causar incêndios florestais catastróficos).

Então, aqui, rosa se tornou cor de menina por uma pura e simples questão econômica, alimentada pela mídia. Nunca teve nada a ver com orientação sexual ou gênero.

Não tá na Bíblia. Não tá na natureza. Isso foi coisa inventada por publicitários.

Portanto, quando você encontrar esse tipo de coisa circulando nas redes sociais, você já tem argumentos pra debater, questionar e gerar reflexão nas pessoas.

O IDEAL DE BELEZA

Naomi Wolf alerta em *O mito da beleza*: "quanto mais perto do poder as mulheres chegam, maiores são as exigências de sacrifício e preocupação com suas características físicas". As mulheres foram ocupando cada vez mais espaço no mercado de trabalho. E a moda respondia com imagens bem mais objetificadas de mulheres.

Os anúncios de moda começaram a retratar mulheres em estado de degradação, glamourizando o uso de drogas e até o assédio sexual. Os corpos femininos eram tratados por partes. A moda exibia o corpo e estimulava padrões de magreza cada vez mais severos para mulheres que ousassem querer "andar na moda".

Nos anos 2000, perdeu-se o controle do uso de retoques digitais. Fotografias sempre sofreram retoques, especialmente as de mulheres. Mas o Photoshop facilitou isso. Homens que dominavam a técnica começaram a manipular corpos e rostos femininos para deixá-los "perfeitos". As roupas seguiam com calças de cintura baixa e frente única. Qualquer sinal de barriga saliente era condenado.

As mulheres passaram a ficar cada vez mais obcecadas com sua aparência.

Não existiam mais imagens reais de mulheres. Mas as chamadas continuaram a estimular a meritocracia da beleza, como se fora do computador fosse possível chegar àqueles resultados.

Com a internet, o acesso às tendências de moda ficou muito mais fácil. Ninguém precisava mais esperar meses até as imagens aparecerem nas revistas. Agora elas estavam a um clique de distância. As *fast fashions* começaram a fazer sucesso entre a juventude sedenta pelos looks inspirados nos desfiles das grandes marcas de moda de luxo. Assim, esse ~estilo~ de produção de moda rápido se tornou uma febre no mercado, mudando a forma como a moda é criada, produzida e consumida.

O consumismo ficou desenfreado. Quem nunca teve oportunidade ou acesso às roupas da moda, agora, podia ter todas. Uma nova por semana. Muita gente lotou armários na esperança de se realizar através da moda. Mas não foi bem assim. Armários ficaram lotados, as faturas do cartão de crédito se tornaram altíssimas e a insatisfação e a frustração na hora de se vestir permaneciam. De que adianta ter tanta roupa no armário se você não sabe o que fazer com elas? As revistas cada vez mais apostavam em novas tendências e em guia de compras, mas ninguém falava mesmo sobre moda, estilo, identidade, consultoria de imagem, sei lá. Revista de moda era revista de consumo. Só isso.

Mas é que nem lá nos anos 1960: depois do excesso, a insatisfação bate e vem o desejo por menos. Isso explica todo esse movimento acontecendo na internet, de mulheres buscando informações e dicas de consultoria de imagem para se vestir melhor, fazer render as roupas que já têm, descobrindo as cores que mais combinam com seu tom de pele e suas características físicas, buscando informação de moda relevante além das tendências da estação. É gente que cansou de parecer ser outra pessoa e tá querendo parecer consigo mesma.

A ideia toda por trás da imposição de padrões é a seguinte: olha, vocês estão abrindo espaço no mercado de trabalho, mostrando que são tão competentes e capazes quanto os homens. Então, peraê, vamos incluir mais uma jornada de trabalho pra você: além dos trabalhos domésticos e do trabalho formal, você também vai ter que se esforçar para se manter bela. Sempre maquiada, cabelo impecável, magra, sarada e siliconada.

Daí surgiram, por exemplo, as calças de cintura superbaixa, um dos maiores símbolos dos anos 2000, promovendo ainda mais um ideal de corpo, exaltando barrigas saradas como a de homens idealizados, sem as gorduras típicas do corpo feminino.[7] Mais uma retaliação a todas as conquistas das mulheres.

A moda acentuou a obsessão pelo corpo e o índice de realização de cirurgias plásticas estourou. Nas revistas voltadas para mulheres o assunto era sempre quem tinha feito lipo e colocado silicone e agora estava com o corpo perfeito. As mulheres que estampavam as capas da *Playboy*, ícones de beleza da geração, ostentavam os resultados das suas plásticas.

Quantas adolescentes não ficaram com os corpos marcados pelo uso de calcinhas e calças apertadas de cintura baixa? Eu agradeço por nunca ter sido fã dessa tendência.

A ERA DO CLOSE

Hoje, por outro lado, vivemos a era do close. Em vez de nos inspirarmos em imagens absurdamente photoshopadas, passamos a valorizar mulheres reais. A gente nunca expôs tanto a nossa imagem. Nunca exibimos tanto o nosso rostinho quanto agora. A ascensão meteórica de snapchat, stories, facetimes e selfies mudou a dinâmica do mundo.

E estamos levando ao extremo a estética das roupas. Desde divas pop como Lady Gaga e Katy Perry com seus looks excêntricos aos estilistas, que precisam se preocupar mais se as suas coleções são fotogênicas o suficiente para repercutirem nas redes sociais do que com sua funcionalidade.

Enquanto a indústria da moda continua levando a aparência como prioridade, as mulheres, cada vez mais, reclamam da falta de roupas adequadas ao seu corpo, ao seu estilo de vida e às suas necessidades.

Assim, estamos no processo de parar de nos inspirar em imagens absurdamente photoshopadas ou facetunadas, passando a valorizar corpos reais. A gente tem se preparado pra uma nova

---

7   Ver *Champagne Supernovas*, de Maureen Callahan (2015).

reforma do vestuário. Uma reforma feminista das roupas feitas pra mulheres. Que use a tecnologia pra criar peças mais funcionais, que as marcas ampliem sua oferta de tamanhos, que lembrem que mulheres engravidam, incham, são pequenas, magras, médias, corpulentas, grandes e gordas. São baixinhas, de estatura média ou altas. Podem ter peitos grandes, médios ou pequenos. Quadris largos ou estreitos, com coxas e braços de diferentes espessuras. Podemos ser cisgênero ou transgênero. Todas as possibilidades de ser mulher precisam ser consideradas. Magras, baixinhas e altonas; pretas, brancas, asiáticas, indígenas, árabes, latinas, judias, lésbicas, hétero, bissexuais, trans.

Pra gente fazer uma reforma feminista da moda, precisamos mudar a forma como ela é ensinada, criada e produzida.

CAPÍTULO 3

COMO SÃO FEITAS AS SUAS ROUPAS?

Sou sobrinha de costureiras. Tive contato desde muito cedo com a confecção. Estão entre as lembranças de infância as muitas tardes que passei no quarto de costura da minha tia, fascinada por aqueles carretéis de linhas coloridas, tecidos vistosos e aquele tanto de revistas de moldes (naquele tempo eu não fazia ideia do que era *Vogue*. Revistas de moda pra mim eram a *Moda Moldes* e a *Manequim*, que mostravam a roupa e ensinavam como fazer a sua). Naquelas tardes, aprendi que fazer uma peça leva tempo. Tem a ideia, o corpo que vai vestir, a modelagem, a escolha do tecido e depois: cortar, costurar, fazer provas, descosturar, ajustar, costurar, arrematar, passar e entregar pra cliente.

Aprendi com as minhas tias que roupa era um item valioso. Afinal, era dali que elas tiravam o sustento da família. O que eu ainda não sabia é que sua produção também envolve, na maioria quase absoluta das vezes, uma cadeia gigantesca que vai do agronegócio a indústrias químico-farmacêuticas, além de ser a base da economia de diversos países – seja em Bangladesh, com suas "fábricas de suor", seja aqui no Brasil mesmo, onde o setor de vestuário é a terceira maior indústria do país.

Produzir roupa dá trabalho pra caramba. Para humanos e para o planeta. A indústria da moda é uma das mais poluentes do mundo, só perde para a do petróleo. Pois é. A indústria da moda contamina o solo, os rios e a saúde física e mental de quem trabalha nela.

A RELAÇÃO DO BRASIL COM A PRODUÇÃO DE ROUPAS É ANTIGA

Na escola, a gente aprende muito sobre a importância do café e da cana-de-açúcar pra economia do Brasil colonial. Mas pouco se fala sobre o fato de que os povos indígenas da Amazônia já conheciam o algodão com o qual faziam redes, ou sobre como na Amazônia eles teciam roupas, que eram tingidas de azul (um pigmento raro até então) muito antes da invasão portuguesa.

Também pouco se comenta do algodão maranhense e como ele era um dos principais produtos de exportação do país entre os séculos XVIII e XIX. E de como nosso algodão alimentava as máquinas a vapor que provocavam a maior revolução na história da humanidade desde o surgimento da agricultura.

A Revolução Industrial também tem o suor e o sangue de pessoas africanas escravizadas no Brasil (e em toda a América). A mão de obra das imensas lavouras de algodão em estados como Maranhão, Bahia, Pará, Ceará e Pernambuco era baseada em trabalho escravo. Durante o Ciclo do Algodão, quase toda a produção da colônia era exportada para a Inglaterra.

Com o fim do tráfico de escravos da África para o Brasil

(1850) e a abolição da escravatura (1888), os latifundiários precisavam de mão de obra barata. Desde meados do século XIX, o Brasil já havia passado a subsidiar a imigração de italianos, oferecendo alojamento e trabalho na lavoura para famílias inteiras que fugiam da guerra. Esses imigrantes vieram em massa e fundaram as primeiras colônias no sul do país. Além de participar do trabalho no campo, grande parte desses imigrantes italianos foi para centros urbanos, como São Paulo. Muitos desses operários tinham conhecimentos de tecelagem, confecção e comercialização de tecidos. Além disso, tinham consciência de classe e, tendo participado do movimento operário europeu, contribuíram na organização de greves e sindicatos aqui no Brasil. Futuramente, essa mobilização ajudaria a classe trabalhadora brasileira a conquistar seus direitos.

Até hoje somos um dos cinco principais produtores de algodão do mundo. Seu plantio hoje é um dos mais nocivos pro meio ambiente, pois é um dos que mais usa agrotóxicos, consumindo ¼ dos inseticidas usados em todo o planeta. Aqui no Brasil, durante a década de 1980, plantações inteiras se perderam por causa de uma praga, que contribuiu para o consumo desenfreado de agrotóxicos nas nossas áreas de cultivo. Infelizmente o problema está longe de melhorar – pelo contrário, a cada dia novos produtos são liberados, privilegiando a facilidade da produção em detrimento da saúde da população. Fica o alerta: os agrotóxicos estão não só no que a gente come, mas também no que a gente veste.

A MODA COMO A GENTE CONHECE HOJE FOI CRIADA NA FRANÇA DO SÉCULO XVII

Você sabe quando a moda se tornou um ciclo sem fim de novas tendências a cada estação? Esse sistema foi criado (adivinha só) para atender aos interesses econômicos da França durante o reinado de Luís XIV, no século XVII. Você já deve ter ouvido falar da fama do Rei Sol, que era apaixonado por moda e fã de salto alto com solado vermelho.[1]

Quando ele assumiu o trono francês, a cidade lançadora de tendências na Europa era Madri. A Espanha vivia seus tempos áureos usufruindo das riquezas de suas colônias latino-americanas. Quem tinha dinheiro tinha poder, e isso fez com que a influência espanhola dominasse a Europa por dois séculos, com sua moda austera e restritiva.

A França até então consumia as tendências ditadas pelos espanhóis e comprava artigos da Itália e da Bélgica. Isso porque, até então, o país não produzia produtos de qualidade e não tinha força política, econômica ou cultural pra ditar moda pros demais.

Até que Luisinho acreditou no potencial da moda e investiu nela. Segundo o historiador da arte Maxime Préaud, "desde o início do reinado de Luís, ele reconheceu que as imagens tinham o poder". O rei, então, colocou a França pra produzir móveis, tecidos, roupas e joias, gerando emprego pros seus súditos e investindo na autenticidade do estilo francês, que era volumoso, colorido e ornamental (o oposto do espanhol — quem só conhece Chanel e Almodóvar nem deve acreditar como isso um dia foi possível).

O ministro das finanças da época, Jean-Baptiste Colbert, dizia: "A moda era para a França o que as minas do Peru eram para a Espanha". Luís XIV era ótimo no marketing e branding. Construiu Versailles e subsidiou artistas franceses pra que eles produzissem imagens de moda. O objetivo era despertar o desejo das outras cortes europeias pra que elas passassem a consumir produtos franceses. Nada que pudesse ser feito na França podia ser importado; o rei chegou a mandar queimar um

---

[1] Você pode conhecer mais em: <https://www.theatlantic.com/entertainment/archive/2015/09/the-king-of-couture/402952/>

casaco do seu filho porque a peça não era feita com tecido francês. Foi um plano econômico imbatível.

E não foi só isso. Nessa época a moda também adquiriu outras características que se mantêm até hoje, como a sazonalidade: as estampas, os tecidos e os acessórios eram feitos para o inverno ou o verão, que tinham inícios e fins bem definidos. E ai de algum membro da corte que aparecesse com vestido de verão na virada do inverno. Não era permitido nem repetir a roupa do ano anterior.

Enquanto o guarda-roupa espanhol variava muito pouco, a indústria da moda francesa foi fomentada por constantes mudanças. Dizem que é da personalidade dos franceses se cansar das tendências.

Olha quantas ideias de moda que a gente reproduz até hoje foram criadas no século XVII!

Os resultados econômicos dessa política foram um sucesso e atraíram a atenção de outros países, que começaram a implementar as ideias do Rei Luís na sua economia. Era o início da Revolução Industrial.

Mais de quatro séculos depois, Paris ainda é considerada capital da moda e da elegância, sendo uma indústria importantíssima pra França até hoje. Melhor investimento de longo prazo já feito por um país!

A REVOLUÇÃO INDUSTRIAL

A produção de roupas sempre foi muito artesanal. Existiam, sim, máquinas que ajudavam o processo conhecido como manufatura, como a máquina de fiar (a grande ameaça da Bela Adormecida) e o tear. Mas a Revolução Industrial mudou tudo.

Quando um cara chamado James Watts criou a primeira máquina de tear a vapor, deu-se início à primeira fase da Revolução Industrial, que era toda focada na indústria têxtil. Pois é, esse é o nível de importância econômica que tem a moda. Pra você ter ideia, Marx começou a escrever sobre a opressão dos trabalhadores observando tecelões, os operários da indústria têxtil.

A partir do século XVIII, as cidades passaram por um intenso processo de urbanização, graças ao avanço da Revolução Industrial. As populações até então se concentravam principalmente nos campos. Mas, com o crescimento das fábricas, rolou um intenso êxodo rural.

Nessa época, a moda se tornou um indicador social cada vez mais importante.

Os primeiros empregados das fábricas eram homens, mas logo mulheres e crianças (!) começaram a ser empregadas como mão de obra barata (além do fato de mulheres produzirem mais e melhor porque eram mais cuidadosas – até hoje a moda é a indústria que mais emprega mulheres, aliás). As condições de trabalho eram insalubres. Pessoas morriam de pneumonia e leptospirose, sem falar das cargas de trabalho exaustivas. Elas chegavam a trabalhar mais de 15 horas por dia, sem descanso nos fins de semana ou feriados.

Essas terríveis condições de trabalho (que 200 anos depois ainda se perpetuam em muitos lugares do planeta) acabaram por impulsionar algumas das primeiras revoluções femininas, como você pode ver no filme *As sufragistas*, de Sarah Gavron, de 2015. Muitas greves aconteceram e muitas mulheres morreram nas fábricas. O Dia Internacional da Mulher foi criado pra homenagear a luta dessas trabalhadoras.

Como já mencionei, as grandes guerras causaram impactos terríveis na indústria da moda, com o racionamento de tecidos e a produção voltada pra confecção de uniformes de guerra. Quando a Segunda Guerra Mundial acabou, a economia europeia estava em frangalhos e a sua recuperação dependia fortemente da retomada da indústria têxtil. Você que leu o capítulo anterior já sabe como isso aconteceu, né?

Depois da recuperação da indústria têxtil, veio a expansão.

Os capitalistas descobriram que lucrariam muito mais vendendo as roupas prontas que os tecidos. Assim, as empresas de moda começaram a investir em produzir peças prontas pra vestir, o famoso *prêt-à-porter*. O objetivo era maximizar os lucros e atender uma importante demanda da vida moderna das cidades, já que as pessoas tinham menos tempo pra costurar. Assim, se popularizou o consumo da roupa pronta pra usar, disponível na loja em alguns tamanhos, cores e modelos. O consumo de moda como a gente conhece hoje.

A mão de obra feminina barata deixou de ser apenas tecelã e passou a ser também costureira.

E aí a gente começa a entrar na era das *fast fashions*, quando o conceito de moda rápida dominou.

Esse modelo de produção tem sérias consequências: além da já falada exploração da mão de obra feminina, há ainda a degradação da saúde física e mental das profissionais da moda e das consumidoras.

Mas a reação começou a acontecer. Iniciativas como a Fashion Revolution e documentários como *The True Cost* têm ajudado a alertar sobre os perigos e o descontrole da indústria da moda. Os brechós estão ganhando força. Pesquisas já apontam que nos próximos 10 anos as roupas de brechó e de segunda mão vão ocupar mais espaço no armário das pessoas que roupas de marcas de *fast fashion*.

As consumidoras estão mudando. Elas estão se empoderando. Descobrindo o verdadeiro significado do seu poder de compra. Entendendo que a indústria da moda que tem que servir aos seus corpos, não o contrário. E pra moda começar a entender o que as mulheres querem, precisamos mudar a criação de moda.

AS ROUPAS NÃO SÃO PENSADAS PRA VIDA DAS MULHERES DE HOJE

A vida das mulheres mudou e está mudando rapidamente. No século XX, começamos a ocupar espaço nas ruas, nas escolas, universidades, nos centros acadêmicos e, finalmente, no mercado de trabalho (além das posições de serviência). No século XXI estamos lutando pelo nosso próprio poder. Mas as roupas do século XXI consideram isso? A verdade é que não. Roupas femininas ainda são construídas e modeladas com base na ideia de que aquela mulher vai ter alguém para lhe vestir, como acontecia no século XIX. Mulheres do século XXI são independentes e não querem ajuda pra se vestir. Seja porque moram sozinhas ou porque querem poder usar um banheiro público sem precisar pedir ajuda a desconhecidos para abrir ou fechar um zíper. Pra não falar nos ajustes pras pessoas com deficiência. É só o básico. Queremos autonomia também nas nossas roupas.

A moda precisa repensar a construção de roupas das mulheres.

De que adianta produzir tanta roupa nova se elas não são desenvolvidas para atender às necessidades de quem as veste? Queremos bolsos funcionais, fechos fáceis e sapatos que nos ajudem a ir mais longe.

A Li Edelkoort, uma consultora de moda gringa superimportante, lançou um manifesto chamado *Anti-Fashion*, em 2015, decretando o fim da moda como a conhecemos.

Acredito, concordo e apoio. Tem que acabar mesmo.

A primeira coisa que ela menciona é como os estilistas sempre foram educados e formados pra serem estrelas e criarem roupas pra passarela. Só que a gente não precisa de roupa de espetáculo no dia a dia, né? A gente deixa isso pra Beyoncé. Precisamos que os designers de moda desenhem roupas interessantes pras necessidades cotidianas das pessoas que vão viver uma vida normal dentro delas.

Depois que me especializei em consultoria de imagem e análise de cores, fiquei muito revoltada ao notar que esse conhecimento não era usado como fundamento do curso de moda pra entender o efeito das roupas, cores e formas em diferentes tipos de corpos.

Mas como eles vão fazer isso se a base da criação de moda são aqueles croquis disformes?

Logo na primeira aula de desenho de moda na faculdade, os alunos aprendem a usar uma base irreal de corpo humano que não leva em consideração nem estrutura óssea, nem as outras proporções e circunferências que são tão relevantes no vestir.

A estilista Carol Burgo, dona da marca Prosa, explica em seu blog: "Existe um porquê de as marcas usarem sempre modelos magras e, digamos, sem formas: a roupa fica com o formato que idealizamos no desenho. Entendem? Corpos com curvas fazem com que a roupa se comporte de forma diferente, encurtando aqui, repuxando ali, muitas vezes dando a impressão que o desenho era outro."

Se no processo de criação, se no momento em que um estilista expressa a sua criatividade, ele usa uma base irreal, única e limitada, a probabilidade do seu trabalho se encaixar bem em corpos muito diferentes daquele usado no seu desenho base é mínima.

Se você parar pra reparar, na real a moda tá produzindo roupas estilo "sem gênero" há muito tempo. Afinal, a base da criação da moda feminina já é um corpo andrógino, não um corpo feminino.

A psicanalista Pascale Navarri, em seu livro *Moda e inconsciente*, oferece uma explicação para isso: "Graças ao suporte andrógino que a modelo oferece, o estilista poderia viver de modo consciente, durante um breve instante, um dos aspectos de seu desejo narcisista."

A moda durante muito tempo foi criada por homens e para mulheres. Na verdade, uma pesquisa de 2015 revelou que mais da metade das grandes grifes que lançam as tendências que ~inspiram~ marcas do mundo inteiro era comandada por homens. Desde então, houve importantes mudanças no comando de grandes casas de moda.

Durante o século XX o principal nome feminino da moda mundial era Coco Chanel, conhecida por inserir elementos da indumentária masculina no vestir das mulheres. Os outros grandes nomes, como Dior, Givenchy, Balenciaga, Versace, entre tantos outros – até o próprio sucessor da Chanel no comando de sua Maison –, eram todos homens. E eram estes homens, através de suas marcas, que definiram os novos conceitos de feminilidade.

Finalmente, agora que nos aproximamos dos anos 20 do século XXI, o cenário muda. Temos mulheres no comando da criação das coleções femininas de importantes casas de moda, como Maria Grazia Chiuri na Dior, Clare Waight Keller na Givenchy, Virginie Vinard na Chanel e Silvia Venturinni Fendi na Fendi (as duas últimas assumiram os cargos após a morte do estilista Karl Lagerfeld). E como não falar da Rihanna? A popstar caribenha se tornou a primeira mulher negra a comandar a direção criativa de uma marca de luxo com a sua Fenty, criada em parceria com a LVMH, o maior conglomerado de luxo do mundo.

Rihanna vem revolucionando mercados de produtos femininos como maquiagem, lingerie e agora moda de luxo por incorporar em seus negócios a visão de uma mulher não tão padrão assim que reconhece o seu valor. Que reconhece o valor da diversidade feminina. Nas entrevistas de lançamento da sua primeira coleção, Rihanna contou que ela é sua própria musa. Por isso, não aprova pilotos feitos apenas em um tamanho, no "sample size". Ela manda fazer o modelo no seu tamanho e em outros, pra garantir que aquelas peças não vão funcionar em apenas um tipo de corpo. Na sua pop-up, montada em Nova Iorque em junho de 2019, os manequins com coxas grossas, peitos grandes com "caimento" natural e barriga positiva viralizaram.

Rihanna, através de suas marcas de moda, beleza e lingerie, celebra a diversidade de cores, formas e vivências femininas. As mulheres querem se sentir bonitas, gostosas, maravilhosas, desejáveis, adequadas. Elas querem parar de ver defeitos em si mesmas e descobrir suas qualidades. Seja grande, pequena, média, gorda, magra, grávida, peito grande, peito reto. Queremos descobrir possibilidades de beleza.

Precisamos de mais mulheres criando e influenciando a moda feminina. Só com uma gama representativa de mulheres no comando (e falo de diferentes tipos de corpo, com deficiência, de diferentes cores, de diferentes classes), redefinindo as prioridades da criação de moda, é que vamos poder vislumbrar uma moda que assuma a perspectiva feminina sobre nossos corpos e nosso vestir.

O que precisamos é de uma moda feminina baseada no corpo feminino e em suas necessidades e mais variadas formas.

Já passou da hora de a galera que cria moda entender que não dá mais pra fazer roupa pras mulheres de 2020 como se fosse 1820. É um processo coletivo: envolvendo quem cria e quem usa a roupa.

As roupas precisam ser pensadas pra pessoas. E pessoas têm corpos anatomicamente diferentes. É o que a Li Edelkoort fala: os estilistas estão criando pro seu ego, pra sua própria manifestação narcisista. E fazer roupas deveria ser sobre empatia.

MODA SEM GÊNERO

A moda começou a experimentar a fluidez de gêneros lá na década de 1970, com David Bowie e Grace Jones. Nos anos 1990, com Kurt Cobain, teve uma onda forte novamente. Até que agora a ideia ganhou força com os avanços dos debates sobre visibilidade e direitos da comunidade LGBTQIA+, bem como a quarta onda do feminismo, contribuindo pra que as mulheres desafiem estereótipos de gênero.

Só que é aquilo... os marketeiros de moda farejam uma mudança de comportamento e já querem transformar em tendência. Assim, começou-se a falar mais da tal moda "sem gênero". Lojas criaram seções especiais, marcas começaram a nascer com essa proposta. Mas o que era estilo "agender"? Bem, no início era só sobre camisetas, calças e bermudas. Umas saias e vestidos retos, quando havia peças mais modernas. Silhuetas amplas ~pra vestir todos os corpos~. Muito minimalismo. E logo começaram a surgir debates sobre como essa ~nova~ "moda sem gênero" colocava a masculinidade como ponto neutro. Afinal, essa estética tinha muito mais influência da moda masculina que da feminina.

Novos criadores têm mostrado como seria essa moda "sem gênero". Entre eles se destaca o estilista espanhol Alejandro Gómez Palomo, da marca Palomo Spain. Como o jornalista de moda Luigi Torre twittou: "Suas roupas não são nem masculinas nem femininas. Na real, não faz o menor sentido tentar classificá-las assim. São roupas, ponto." Outro destaque é a atriz Evan Rachel Wood, que usa e abusa de terninhos em quase todos os seus tapetes vermelhos. E arrasa! Ela mostra que o vestido não é um traje obrigatório, dá pra ficar linda e seguir seu estilo em qualquer lugar.

E também respeito ao corpo, à cultura, à vivência e à liberdade das pessoas.

No episódio 5 da segunda temporada de *Queer Eye*, a série da Netflix, Tan France, o stylist do grupo, leva um homem trans pra comprar seu primeiro terno numa marca especializada em ternos pra homens trans. Porque a gente pode pensar que é fácil, é só vestir, mas corpos são anatomicamente diferentes. Até assistir àquele episódio eu não tinha me dado conta do quão importante aquilo era pra pessoa se sentir ajustada no próprio corpo.

Chorei de saber que o cara estava tendo a oportunidade de começar sua vida após a cirurgia de mudança de sexo com roupas que faziam ele se sentir bem com seu próprio corpo, e não limitado. Olha o tipo de procedimento a que ele se submeteu pra se sentir mais ele mesmo. A roupa não pode atrapalhar esse processo de desenvolvimento do amor-próprio, ainda mais quando a pessoa está aprendendo a aceitar seu corpo e amá-lo. A roupa tem que ser o abrigo.

Por essas e outras que as faculdades precisam repensar a formação dos estilistas que vão vestir as pessoas do século XXI. Ensinar a seus estudantes que esse é um processo coletivo (envolvendo quem cria e quem usa a roupa), introduzir os conceitos de consultoria de imagem na criação de moda, para que, assim, os criadores tenham em mente diferentes corpos e necessidades. Tudo isso vai fazer com que a moda passe a atender de fato às necessidades das mulheres. E também de pessoas LGBTQIA+, além das pessoas com deficiência, que muitas vezes sofrem para conseguir comprar itens básicos do vestuário.

Agora, tão importante quanto as faculdades são as marcas, que precisam reavaliar toda a sua metodologia de produção. Vamos começar com o primeiro fato, que é: roupas precisam ser testadas, usadas, vividas antes mesmo de terem a sua peça-piloto aprovada.

Mesmo lançando seis coleções por ano, colocando modelos novos de roupas nas lojas toda semana, a moda não consegue satisfazer nossas reais necessidades, porque seus criadores estão tratando mulheres como manequins. A base da criação já é aquele corpo irreal e andrógino. Daí você tira do desenho, faz o molde, corta o tecido, monta a peça-piloto e experimenta na modelo (de prova). As marcas costumam ter apenas uma modelo de prova, com medidas-padrão, e tratam essa pessoa como um manequim humano. As marcas têm que entender que as roupas precisam de vivência. Têm que fazer a peça-piloto e experimentar os diferentes tamanhos em pessoas de diferentes tamanhos. Têm que vestir estas modelos com a peça-piloto e mandar elas viverem: dançar uma música, sentar, levantar, abaixar, ficar umas duas horas circulando no escritório. Além de tentar tirar e colocar a roupa sozinha (porque na hora de aprovar a peça-piloto a modelo de prova é auxiliada a se vestir e se despir).

Fora que a gente quer roupas que caibam no nosso inchaço pré-menstrual, blusas que sejam pensadas pra amamentação, peças que considerem coxas grossas, quadris largos, peitos volumosos e barriga. E o contrário também. Minas pequenas e magrinhas querem comprar roupas na seção de adultos, não só na de adolescentes. Cadê as roupas femininas atendendo corpos femininos?

A indústria da moda ainda não acompanha a evolução da vida das mulheres. É como lá no século XIX, quando as sufragistas estavam lutando por roupas mais leves que facilitassem sua mobilidade. A moda está tão acostumada a ser uma agente da opressão que não consegue se libertar desse ciclo.

E o primeiro passo pra que as marcas de moda se tornem aliadas das mulheres é começar a tratar da saúde física mental das suas trabalhadoras.

Pra atender às demandas da indústria, desde os tempos das máquinas de tear a vapor, as trabalhadoras enfrentam expedientes de longas horas, jornadas exaustivas em ambientes estressantes. Isso impacta na saúde mental das pessoas. Enquanto no chão de fábrica as condições de trabalho são muitas vezes degradantes, nos ambientes "criativos" a toxicidade é outra. O controle dos corpos, a obsessão pela aparência que afeta a mente das mulheres e as cobranças por resultados... A pressão é muito grande. E as pessoas não aguentam mais.

Não tem como ninguém pensar direito e criar soluções pra moda nessas condições.

Muitas indústrias estão procurando meios para cuidar dos seus funcionários. O que a moda tá fazendo pra cuidar dos seus?

Porque nem paz financeira essas pessoas têm, já que a moda remunera muito mal seus funcionários. Não é coincidência que as pessoas que trabalham no setor sejam majoritariamente mulheres.

CAPÍTULO 4

SISTEMAS DE OPRESSÃO DA MODA

Como já contei no primeiro capítulo, a gente se veste há muitas centenas de milhares de anos, e nossas roupas foram evoluindo e se desenvolvendo junto com a nossa sociedade. A moda como a gente a conhece cresceu e se desenvolveu no patriarcado, um sistema pautado na opressão de gênero e de liberdades sexuais.

É como Naomi Wolf fala: não é sobre a aparência. É sobre determinar o comportamento das mulheres. Através das suas imagens, os tamanhos oferecidos nas lojas e até a escolha de seus modelos, a moda define a relação das mulheres com seus corpos e com o mundo.

Quem estudou moda deve ter lido ao menos um livro do filósofo Roland Barthes, em especial o que inspirou o título deste capítulo: *Sistema da moda*. Ele diz que a moda é um sistema semiótico: ela organiza e dá forma às ideias que temos de como devemos parecer e nos vestir. Sabe aquele conjunto de regras que insistem em dizer que devemos seguir pra que a gente "se vista bem"? Pois é, isso é o sistema da moda. É engraçado, porque cada uma de nós aprendeu um modo de vestir — até porque cada uma de nós cresceu cercada por diferentes influências e inspirações —, mas ficamos presas nesse sistema complexo de pertencimento que, dia após dia, é reforçado por dentro e por fora, seja nas nossas neuras ou na publicidade, ou por aquele feed perfeito do Instagram.

Moda é um efetivo sistema de controle. Exércitos sempre tiveram uniformes porque essa era uma forma de tirar a individualidade das pessoas pra induzir todos a agir com o mesmo foco. Por estar tão próxima do nosso corpo, como uma segunda pele, a moda é fator importante de integração social. E é aquilo...

queremos ser aceitas. Somos seres sociais. É a nossa parada. Somos biologicamente programadas para buscar conexões.

Por isso a moda é tão poderosa em agrupar pessoas. Mas o vestir, especialmente pras mulheres, é usado pra controlar suas atitudes, sua postura, seus corpos, sua condição política, econômica, social e até seu andar.

A PRESSÃO ESTÉTICA

Desde a Grécia Antiga, onde as mulheres tinham que enfaixar seus seios para eles ficarem menos volumosos, até a Era Vitoriana no século XIX, quando os corpos das mulheres eram modelados por espartilhos e barbatanas pra aumentar seus quadris e o volume das nádegas. Ou mesmo com as saias-lápis, que limitam os movimentos das pernas ou os saltos altos, que dificultam passos apressados.

As imposições eram e continuam a ser puramente estéticas. Mas sempre houve inúmeras justificativas para sustentá-las, como a saúde quando os anúncios em jornais e revistas diziam que espartilhos ajudavam a melhorar a postura. Mas na verdade eles apertavam tanto as mulheres que muitas tinham dificuldade de respirar, como discutimos no capítulo 2.

Há um antigo ditado francês que diz algo tipo "não existe beleza sem sofrimento". É desse jeito que pensa o país que é a capital da moda e da beleza. O lugar que é referência de moda pro mundo inteiro até hoje (há quatro séculos, já!). Não é à toa que as mulheres francesas só conquistaram o direito ao voto em 1945. Sim, só depois da Segunda Guerra Mundial.

Mesmo quando as mulheres se "libertaram dos espartilhos", elas continuaram usando cintas (e hoje em dia já tem marca fazendo cinta embutida nos shorts) para ~modelar~ seus corpos. Conforme as roupas ficaram mais curtas e os biquínis começaram a exibir mais o corpo, a pressão passou a ser não só pela silhueta, mas por ter o corpo perfeito "mesmo sem roupa". Aí, como diz a historiadora Valerie Steele, o espartilho se tornou mental. E então começou a era da obsessão por dietas e procedimentos estéticos. O Brasil é um dos campeões mundiais nessas intervenções. Não basta ser magra. Tem que ser sarada, fitness, tem que fazer harmonização facial.

Tudo que afaste o corpo das mulheres do seu estado natural é exaltado: a feminilização extrema (corpos que parecem de videogame), a infantilização (corpos pequenos e frágeis) e a masculinização (corpos sem gordura, mas... que não pareçam masculinos *demais*).

Às mulheres são exigidos mais cuidados com a aparência do que aos homens. Não devem aparentar a idade que têm, devem parecer sempre mais jovens. Devemos nos vestir de forma atual, "na moda", e estar sempre bonitas e bem-cuidadas.

A autoestima vem da aceitação. E a gente bem sabe que se aceitar não é fácil, ainda mais quando dizem que nossas características físicas são ruins, indesejáveis. E isso acontece o tempo inteiro.

REPRESENTATIVIDADE

Durante o século XIX,[1] nossa burguesia importava bonecas francesas, louras e rosadas, pras nossas meninas, formando desde muito cedo a concepção de beleza das mulheres brasileiras. Se em 1888, eram as bonecas francesas, em 1988, eram as Barbies americanas. Corpos magros, cabelos lisos e louros. O padrão de beleza eurocêntrico também aparecia na literatura do século XIX, que exaltava a beleza feminina de suas personagens mulheres reforçando traços de branquitude, de palidez e de fragilidade. Depois vieram as novelas com suas protagonistas de

---

1   FREYRE, Gilberto. *Modos de homem e modas de mulher.* 2.ed. São Paulo: Global, 2009.

ascendência europeia. Isso sem falar no padrão imposto pelas mocinhas dos filmes de Hollywood.

Todas as versões de mulheres bem-sucedidas (na conquista do homem e da vida perfeita) às quais fomos expostas eram mulheres que seguiam o mesmo padrão eurocêntrico: magro, traços finos, jovem e de corpo frágil.

O dano que essas imagens provocam na autoestima da população brasileira, que é majoritariamente autodeclarada negra ou parda, é devastador.

É por isso que o Brasil se tornou recordista mundial em alisamentos de cabelo e é superpotência em cirurgias plásticas (especialmente a de nariz). Porque desde que as revistas começaram a se popularizar por aqui e a TV conquistou espaço nas casas brasileiras, o padrão de beleza branco europeu prevaleceu. Cabelos lisos, olhos claros, corpos delgados e nariz fino. Todo traço de negritude deveria ser apagado.

É muito importante ter imagens pra usar como referência de onde você pode chegar e de quem você pode ser, pra te inspirar a sonhar.

"Minha mãe me ensinou a importância não apenas de ser vista, mas de me ver. Como mãe de duas meninas, é importante para mim que elas também se vejam – em livros, filmes e em pistas de decolagem. É importante para mim que elas se vejam como CEOs, como chefes e que saibam que podem escrever o roteiro para suas próprias vidas – que elas possam falar o que pensam e não ter limites. Elas não precisam ser de um certo tipo ou se encaixar em uma categoria específica."
Beyoncé para *Vogue América*

Por isso são tão importantes os movimentos de empoderamento e que promovam a aceitação e a ocupação de espaços por minorias (ou maiorias oprimidas, como nos casos das mulheres e pessoas negras). São exemplos o movimento de apoio às mulheres em transição capilar e o *body positive*, de aceitação do corpo.

É ocupando espaços que a gente promove a desconstrução de ideias antigas e prejudiciais para nós. E assim a gente faz com que as pessoas se identifiquem e questionem os seus pré-conceitos e se permitam experimentar, inovar e seguir a sua verdade.

Em 1987, o historiador Carlos E. Cortes, autor de *The Children Are Watching: How the Media Teach About Diversity* [As crianças estão assistindo: O que a mídia ensina sobre diversidade], escreveu um artigo alertando sobre a importância da mídia na construção de opiniões e imaginários de uma sociedade. Em suas palavras:

"intencionalmente ou não, tanto as notícias quanto a mídia de entretenimento "ensinam" o público sobre minorias, outros grupos étnicos e grupos sociais, como mulheres, gays e idosos. (...) Minorias percebem — apoiadas pela pesquisa — que a mídia influencia não apenas como os outros as veem, mas até mesmo como elas se veem."

Representatividade acontece especialmente quando você vê pessoas parecidas contigo ocupando espaços de poder. Quando você vê mulheres usando seus cabelos com a textura natural em lideranças de empresas, capas de revistas, tapetes vermelhos, protagonizando séries e filmes. Quando você vê mulheres com o corpo gordo usando roupas da moda e sendo ícones de estilo, independente do tamanho que vistam. É quando você vê pessoas com traços parecidos com os seus ocupando altos cargos de poder, sendo chefes de Estado e comandando países.

Nós nos orgulhamos e aumentamos nossa autoestima junto aos grupos aos quais pertencemos. É tão bom se sentir acolhida, se sentir parte. Enquanto todas as garotas estavam buscando se vestir de modo mais sexy na adolescência, eu me senti acolhida entre as roqueiras rebeldes. Foi uma fase em que eu me sentia superbem comigo mesma. Já quando eu estava com minhas amigas populares da aula de dança, eu me sentia um lixo.

As dicotomias sociais, como juventude x velhice, homem x mulher, masculino x feminino, inclusão x elitismo, conformidade x rebelião, surgem ao longo da vida, mas as diferenças individuais determinam quão fortemente nos identificamos com essas categorias.

A moda permite que a gente se destaque como diferente ou se encaixe como parecido.

Isso se revela em experiências muito simples, como esta conversa de WhatsApp que tive com uma das minhas melhores amigas. Ela é baixinha, magra, sem muitas curvas, tem um cargo de chefia numa empresa multinacional e estava se vestindo pra uma reunião importante quando mandou uma foto. E ela disse: "Na minha cabeça eu visualizo um look de fato superadulto e elegante, e quando visto fica totalmente diferente, pois sou baixinha e tenho corpo fora do padrão. Que loucura que é a nossa cabeça…" Além de ter 1,60 e não usar salto alto, ela tem uma silhueta mais andrógina, sem seios volumosos, cintura fina e quadris largos. Ela vestia uma camisa branca de botões com saia midi preta de linho e um tênis preto bem cool. Eu perguntei por que ela achava que não tava superadulto. E ela respondeu: "Porque eu não tenho cara ou físico de adulta. Maluquice total."

Só que não é maluquice. É falta de representatividade. Eu disse a ela: "Você não consegue se ver adulta porque as referências de mulheres ~adultas~ são diferentes de você, sempre representadas por mulheres mais altas e curvilíneas. Daí cê fica achando que tá sempre com a imagem incompleta, faltando alguma coisa."

A gente precisa aprender a ver beleza no diferente. Nos outros e na gente mesma. E a representatividade é o que desperta isso nas pessoas. A representatividade conscientiza. Representatividade importa. Imagem importa.

Até porque nosso cérebro processa imagens quase instantaneamente. Então não adianta só eu escrever aqui que ter pele preta é lindo, que ter cabelo crespo é elegante e que seu corpo é incrível, você precisa ver isso acontecendo na prática. Não é fácil quando todos os lugares ainda dizem o contrário. É por isso que é tão importante que sejamos bombardeadas por novas imagens de mulheres. O problema da falta de diversidade é o que a Chimamanda Ngozi Adichie, autora nigeriana, chama de "o perigo da história única": "Mostre o povo como uma coisa, como somente uma coisa, repetidamente, e é isso que ele se torna."

Representatividade é sobre poder.

Padrões são histórias únicas. Padrões são estereótipos. Estereótipos são criados com a repetição de imagens, expostas em diversos momentos e lugares, para que todas as pessoas vejam. E "não é que eles sejam mentira, mas são incompletos, porque fazem uma história ser a única possível", como diz Chimamanda. Então, quanto mais enchermos nossos cérebros de referências e narrativas diferentes sobre ser mulher (tanto quanto temos sobre ser homem branco), mais ampla será a nossa percepção sobre as pessoas e o mundo.

Nós adquirimos conhecimento através da observação do comportamento de outros. Pode ser em nossas interações sociais, pode ser na mídia. A gente segue ou repudia esse comportamento dependendo do resultado.

E daí a mídia vende às mulheres a mensagem da meritocracia da beleza: você pode, você se controla, você paga, você conquista a aparência ideal. É aí que mora o perigo. Porque isso faz com que nós fiquemos em constante estado de vigilância para conquistar o ideal magro e belo.

Assim, a gente fica vivendo nessa angustiante discrepância entre nossa aparência atual e a ideal. E assim a gente se acostuma a viver deixando a nossa realização e a autossatisfação pra quando conquistarmos a tal aparência perfeita sem defeitos.

Eu não me permitia aparecer em fotos ou mesmo em vídeos defendendo minhas ideias, porque morria de vergonha do meu dente torto. Eu não me permitia usar a minha voz. Olha quanto tempo eu perdi. Em quantos momentos da minha vida eu não me permiti me registrar por vergonha da minha aparência. Porque me fizeram acreditar que características absolutamente normais de um ser humano, como dente torto, cabelo não liso, minha barriga não chapada, eram motivos pra eu ter vergonha da minha imagem.

Nós também temos essa tendência a ficar nos comparando a outras pro autoaperfeiçoamento. Isso é uma coisa natural e há limites saudáveis pra esta comparação. O problema é que a moda nos leva a nos comparar com imagens muito diferentes de nós. Muito jovens ou muito magras ou muito brancas ou muito irreais. Assim, criamos uma noção distorcida da nossa própria imagem.

Que nos leva à objetificação.

Comparações precisam ser próximas. Assim você consegue perceber coisas positivas em você também e consegue se inspirar. Quando você só busca referência em corpos muito diferentes do seu, passa a ter vergonha do seu corpo.

Aprendemos a olhar pros nossos corpos procurando defeitos. Procurando coisas a serem consertadas, melhoradas, eliminadas, para conquistarmos o padrão ideal. Pro nosso corpo ser aceito na sociedade e, assim, termos o nosso valor reconhecido.

As minas olham pros seus corpos fazendo avaliações negativas do que são.

Entender objetificação é um passo importante pra entender como mulheres são socializadas e experienciadas como objeto sexual, e como isso se traduz em problemas de saúde mental.

OBJETIFICAÇÃO

A Teoria da Objetificação foi formulada pelas pesquisadoras Barbara Fredrickson e Tomi-Ann Roberts em 1997. Sua ideia básica é que mulheres são socializadas para internalizar a perspectiva de um observador sobre seus corpos físicos. Ou seja, mesmo sem perceber, a gente absorve a forma como a sociedade exalta a beleza como principal valor feminino, e como a mídia retrata corpos femininos: como se fossem feitos para o uso e deleite de outros. O corpo da mulher é percebido como algo separado de sua personalidade.

A objetificação do corpo feminino é uma das mais perversas formas de opressão de gênero, que leva à violência sexual, à discriminação no trabalho e à banalização das conquistas e do valor das mulheres. Além de ser uma das principais causas de danos à saúde mental das mulheres, levando elas a sentirem vergonha e ansiedade, perda de motivação, a desenvolver transtornos alimentares, disfunção sexual e depressão.

Na nossa cultura, o corpo feminino é frequentemente construído como um objeto a ser olhado e sexualmente contemplado. Observado e avaliado. Aprendemos a olhar pra nós mesmas procurando defeitos. Procurando coisas a serem consertadas.

Pessoas fora do padrão, especialmente negras e gordas, sofrem não apenas a objetificação, mas também a animalização de seus corpos.

Quanto mais a pessoa se vê objetificada, animalizada, maior costuma ser sua tendência a desenvolver distúrbios alimentares e insatisfação corporal. E a internalização dessa objetificação influencia o seu estado emocional e a forma como ela se comporta e reage ao mundo.

OBSESSÃO PELA MAGREZA

Só as magras são felizes.

Será mesmo?

A mídia passa o tempo todo a imagem de que a beleza/magreza está relacionada à alegria e ao sucesso. Afinal, só mulheres magras são princesas, só mulheres magras vivem histórias de amor, só mulheres magras são vistas como heroínas ou ícones da beleza. Abra uma revista de moda, ligue a televisão na novela de maior audiência. As mocinhas, as protagonistas, as personagens de destaque são todas magras.

Mas que felicidade é essa?

Há muitos anos pesquisas mostram uma relação entre o aumento de consumo de televisão e distúrbios alimentares, resultado de baixos níveis de satisfação com a própria aparência, e altos níveis de internalização da valorização extrema da magreza. O ideal magro é considerado um componente essencial de beleza, sucesso, saúde e controle sobre a vida da pessoa. Isso se repete hoje com o Instagram sendo a rede social que é mais nociva à nossa saúde mental. Só que não há felicidade quando há dietas desnecessariamente praticadas por mulheres saudáveis em busca de uns quilinhos a menos pra entrar naquela roupa especial.

DISTÚRBIOS ALIMENTARES

ANOREXIA caracterizada pela distorção da autoimagem, dietas severas, prática excessiva de exercício físico, sensação de culpa após a ingestão de alimentos. Atinge principalmente crianças e adolescentes.

TRANSTORNO DA COMPULSÃO ALIMENTAR é auto-explicativo e atinge mais as mulheres adultas. O Brasil tem uma das taxas mais altas do mundo.

ORTOREXIA obsessão por uma alimentação saudável. Variação fitness da anorexia.

BULIMIA episódios repetidos de ingestão excessiva de alimentos em curtos intervalos (crises bulímicas), seguidos por uma preocupação exagerada sobre o controle do peso que leva a condutas inadequadas, como provocar vômitos ou fazer uso excessivo de medicamentos como laxantes, diuréticos etc. Atinge com maior frequência jovens adultas.

VIGOREXIA obsessão por um corpo fitness.

DIABULIMIA mais grave de todos, que mistura diabetes e bulimia.

Se você se identifica com algum desses sintomas, procure ajuda. Não tenha vergonha. Você é uma vítima. Se você conhece alguma mulher que apresenta estes comportamentos, não se cale. Converse, acolha e oriente a buscar ajuda. Só quando esses transtornos mentais são diagnosticados é que podemos curá-los. E, infelizmente, jovens mulheres com distúrbios alimentares têm chegado aos consultórios médicos em estado cada vez mais grave. A obsessão pela magreza mata muito mais mulheres que o excesso de peso.

As mulheres estão com fome. A fome mexe com todos os nossos sentidos, nossa inteligência, nossa memória, nossos hábitos. Quem está constantemente com fome não consegue pensar em outra coisa. Não existe outro interesse que não seja a comida. A própria vida é definida pelo acesso à comida. E a moda afeta a gente na necessidade básica da alimentação. Mulheres estão literalmente morrendo de fome para se encaixar nos padrões promovidos pela moda.

Segundo um levantamento feito pela Secretaria de Estado da Saúde de São Paulo em 2017, 77% das jovens entre 10 e 24 anos têm propensão a desenvolver distúrbios alimentares como anorexia, bulimia e compulsão alimentar. Quase metade acredita que mulheres magras são mais felizes. Essa é a fase de formação do corpo e do cérebro humano. A sociedade está deixando as mulheres realmente mais fracas. A cada dois dias uma mulher é internada no SUS por causa das consequências da anorexia e da bulimia.

Uma em cada quatro meninas de 11 a 17 anos disse já ter tido contato na internet com receitas para ficar muito magra. Na Inglaterra dobraram os casos de internação por distúrbios alimentares nos últimos seis anos. Em 2017, na Irlanda, uma garota de 11 anos se suicidou por consequência da anorexia, que já atinge meninas a partir dos 8 anos. Aos 6, crianças já estão sofrendo de dismorfia corporal, ou seja, elas já têm uma imagem distorcida e crítica do próprio corpo.

Foi nessa fase da infância que eu aprendi que era mais "barrigudinha" que as outras crianças. E que isso dava permissão para que adultos falassem livremente do meu corpo e me comparassem com as minhas primas. Estimulando desde a mais tenra idade a competição entre garotas. E assim, ainda criança aprendi a ter vergonha do meu corpo.

Distúrbios alimentares podem provocar ansiedade, depressão, abuso de remédios, entre outras drogas, além de serem umas das principais causas de suicídios – e suicídio é a segunda maior causa de morte entre mulheres jovens. A anorexia nervosa atinge principalmente adolescentes entre 15 e 19 anos e é a doença psiquiátrica com a maior taxa de mortalidade. Cerca de 20% das meninas diagnosticadas com anorexia morrem. Pacientes com câncer de mama têm uma taxa de sobrevida maior que as vítimas da anorexia. Meninas estão sendo levadas ao extremo de acreditar que a vida delas não tem valor se elas não tiverem o ~corpo magro perfeito~.

Distúrbios alimentares frequentemente são resultado da internalização das pressões da família e de amigos, assim como da mídia.

Muitas atitudes relacionadas a distúrbios alimentares são naturalizadas, romantizadas e incentivadas pela sociedade. Esses comportamentos obsessivos são onipresentes na cultura popular feminina. São inúmeros filmes, chamadas de revistas, campanhas de moda, reality shows, perfis em redes sociais e livros que colocam a busca pela magreza e a obsessão pelo corpo perfeito no centro de narrativas femininas.

A magreza forçada não traz felicidade. A privação de alimentos torna as mulheres fracas, preocupadas e desequilibradas. Muitos dos comportamentos gerados pela inanição parcial, como a irritabilidade, apatia, cansaço e desinteresse sexual, se tornaram o estereótipo da atitude feminina.

É na gordura que são armazenados os hormônios sexuais. A magreza excessiva provoca perda de libido, tendo efeito muito pior à sexualidade feminina que o excesso de peso. Não à toa a gordura do corpo das mulheres durante toda a história da humanidade foi símbolo de fertilidade e desejo.

Sem falar que é muito difícil para uma mulher se entregar totalmente ao prazer e ao desejo sexual quando ela odeia tanto o próprio corpo.

Eu tive muita sorte de não ter sofrido nenhum distúrbio alimentar, mesmo que inconscientemente reproduzisse alguns comportamentos nocivos característicos. Afinal, muitas vezes eles foram retratados na mídia como atitudes normais de mulheres, símbolos de feminilidade. Mas toda essa obsessão da sociedade pela magreza feminina gerou outro tipo de consequência grave, a vergonha.

"A gordura é feminina. Ela é o meio e o regulador de características sexuais femininas (...). O aumento da proporção de gordura nas adolescentes é o veículo para a maturação sexual e a fertilidade. (...) A gordura é de interesse sexual nas mulheres (...). Os tecidos adiposos armazenam hormônios sexuais. (...) Pedir às mulheres que fiquem anormalmente magras é pedir que elas abdiquem de sua sexualidade."
Naomi Wolf, *O mito da beleza*

Numa rápida enquete nos meus stories do Instagram com a participação de aproximadamente 3 mil mulheres, muitas contaram que já sentiram vergonha de usar alguma roupa por causa do seu corpo, e deixaram de ir a algum lugar, viajar e/ou fazer algo por não querer se mostrar. E algumas afirmam que só se sentem bem com seu próprio corpo depois de terem feito alguma dieta/ tratamento estético.

São mulheres saudáveis que estão deixando de aproveitar todas as oportunidades que a vida tem pra oferecer. Por um medo que parece bobo, mas é aterrorizante: o medo de ser julgada pela aparência. De mostrar que não se esforçou o bastante na meritocracia da beleza.

Eu detestava meu corpo.

E desenvolvi uma profunda vergonha dele. Não suportava o fato de ter seios grandes (que despertavam tanta atenção dos homens), odiava ter estrias e ficava cheia de culpa por não ter paciência de usar cremes e óleos pra evitar que elas surgissem. Quase não me olhava no espelho, com medo de descobrir que eu também sofria do terrível mal da celulite, tão falado nas revistas que eu lia. E, por mais que no meu íntimo eu gostasse da minha barriga fofinha, eu detestava o fato de ela não ser retinha como a da Gwen Stefani, pra eu poder usar tops e calça de cintura baixa, como os looks dela que eu gostava.

Eu não usava roupas justas, nem que mostrassem a minha barriga (e nos anos 2000 isso era muito difícil, viu?), muito menos biquíni. Sempre fugi de idas à praia e férias de verão na Região dos Lagos do Rio de Janeiro. Mentia dizendo que não gostava, mesmo sendo apaixonada pelo mar. Quando, no bairro em que eu morava, fiz amigos que tinham piscina em casa, ficou difícil fugir dos mergulhos nos dias de verão. Podia até usar biquíni na piscina, mas fora dela estava sempre de camiseta e shorts. Eu achava minha barriga grande demais, mole demais pra deixar descoberta. Eu pesava 57 quilos e tinha 1,65m de altura. Eu era magra e não fazia ideia.

Porque mesmo sendo magra eu ainda não me sentia magra o suficiente.

E a moda, o que tem a ver com isso?

É que pra indústria da moda não basta ser magra. Pra conquistar acesso ao fabuloso mundo da moda, pra conseguir status, você precisa de um nível especial de magreza. Assim você vai conseguir entrar em qualquer roupa e parecer fabulosa, como uma modelo de passarela. É o que a indústria da moda nos diz. O tempo todo.

As modelos que deveriam representar as mulheres passaram a se tornar cada vez mais novas e mais magras e mais andróginas. Características físicas do corpo feminino como suas curvas, texturas e gorduras, símbolos da fertilidade que por muito tempo foram exaltados na arte, passaram a ser combatidas. A feminilidade passou a ser medida através da passividade, submissão, dedicação à aparência...

Naomi Wolf conta que as dietas e a magreza tornaram-se preocupações femininas quando as mulheres conquistaram o direito ao voto, por volta da década de 1920. Se você reparar bem, foi quando começaram a ficar na moda os vestidos de linhas retas, com um formato mais linear. Se, durante séculos, eram as estruturas das roupas que definiam a silhueta das mulheres, agora as mulheres passavam a alterar o próprio corpo a fim de seguir as tendências da moda.

E o que a moda tem feito nas últimas décadas é estimular que as mulheres passem fome. Controlando seus corpos através do tamanho das roupas oferecidas nas lojas e das imagens. Kate Moss, modelo britânica que foi usada para redefinir os ideais de beleza dos anos 1990, falava sobre como a indústria da moda a induzia a desenvolver distúrbios alimentares: "Você ia trabalhar de manhã, não havia comida. Ninguém me levava pra almoçar quando comecei."

Nos anos 1990, o corpo ideal era extremamente magro e sem curvas. Nos anos 2000 o ideal de beleza se tornou um corpo magro, porém com curvas (de silicone). Já nos anos 2010, o padrão caminha pra um corpo feminino cada vez mais masculinizado, cheio de músculos (porque é característica biológica masculina a presença de músculos, enquanto a característica biológica feminina é a presença de gordura) e fetichizado pelos ideais promovidos pela pornografia (com imagens literalmente plastificadas do que seria o corpo feminino com seios, nádegas grandes e cintura fina. Afinal, é só remover uma costela pra ficar com a cintura menor...).

O comportamento estereotipado de descontrole emocional associado às mulheres é, na verdade, consequência da privação de comida — e essa reação independe de gênero (assistir a algumas temporadas de *Largados e Pelados,* do Discovery Channel, comprova isso).

Uma característica física absolutamente normal se tornou xingamento. GORDA. Qualquer gordurinha ou dobrinha considerada "a mais" será castigada. Começaram a criar narrativas onde mulheres fora do padrão 38 eram mulheres sem autocontrole. "Só é gorda quem quer" era a mensagem de filmes, novelas e reality shows. Você quer, você pode, você consegue. Basta força de vontade. E uma dieta super-restrita, shakes mágicos, remedi-

EU TINHA TANTA VERGONHA DE MOSTRAR MEU CORPO, PORQUE ACHAVA QUE ELE ERA TODO ERRADO. ME ESCONDIA NAS ROUPAS MESMO ESTANDO SUPERQUENTE, E MESMO QUANDO EU IA PARA LUGARES COMO CLUBS ETC. EU AINDA ASSIM ESCONDIA MEU CORPO. NEGUEI VÁRIOS CONVITES DE PASSEIOS POR CONTA DISSO. LEMBRO ATÉ HOJE DE UM DIA QUE PARTICIPEI DE UM CHURRASCO DE FIM DE ANO EM UMA CHÁCARA, E FIQUEI MORRENDO DE VERGONHA DE USAR BIQUÍNI, MESMO ESTANDO COM O BIQUÍNI NA MOCHILA, PRONTINHO PRA SER USADO. E MESMO ASSIM EU NÃO USEI, DAÍ UM DIA RESOLVI ME LIBERTAR, ESTAVA CANSADA DE TER VERGONHA DO MEU CORPO.

COMO PODE A GENTE SE PRIVAR DE SER FELIZ,NÉ? ESTOU ME LIBERTANDO CADA VEZ MAIS, MAS PASSEI UMA BOA PARTE DA VIDA DEIXANDO DE FAZER AS COISAS POR ME ESCONDER.

NÃO CONSIGO SAIR DE CROPPED NA RUA... AINDA NÃO TENHO UMA RELAÇÃO BOA COM MINHA BARRIGA E BRAÇOS (QUE SEMPRE ACHEI ENORMES), E TUDO BEM.. SÃO MEUS BRAÇOS, NÉ? A CADA DIA TÔ TENTANDO DESCONSTRUIR ESSAS IMAGENS QUE COLOCARAM DE MIM MESMA NA MINHA CABEÇA. NÃO É FÁCIL, MAS É UM DIA DE CADA VEZ.

nhos pra controlar o apetite, uma rotina de exercícios intensivos e culpa. Muita culpa. Qualquer grama a mais será condenado. Mas se for muito magra é melhor engordar um pouquinho. Nunca tá bom o suficiente. Crescemos com revistas de celebridades fazendo comentários (pejorativos, vale ressaltar) e dando permissão pra tratarem o corpo da mulher como se fosse um assunto público. Quando aparecia alguma foto de celebridade com corpo à mostra, este era avaliado, julgado e exposto em partes.

Falar mal da aparência das mulheres é coisa comum desde os primeiros jornais dessa República, como descobri no livro *A história da beleza no Brasil*, da pesquisadora Denise Sant'Anna. Quando as fotos passaram a ser manipuladas, ao invés de só apontar nossos ~defeitos~, começaram a exaltar essa perfeição manipulada. Assim, aprendemos a olhar pro nosso corpo e pro corpo de outras mulheres cobrando a "perfeição" manipulada das fotos das famosas.

E a gente aprende a se comportar no nosso meio. Se a mídia fala do corpo das mulheres de forma pejorativa o tempo todo – e abordando soluções e melhorias que podem ser feitas em defeitos que nem conhecíamos (a celulite foi assim) –, a gente vai naturalizar e repetir esse comportamento. Esse se torna o nosso normal. É tipo uma hipnose coletiva. E é preciso muito barulho pra fazer a galera acordar. E pra fazer barulho, é preciso união.

A indústria da dieta fatura milhões. A atriz Jameela Jamil é ativista e alerta sobre os riscos dessas influências. Ela mesma é uma mulher alta e grande que nem mesmo com todas as dietas do mundo vai se tornar pequena o suficiente para se encaixar no padrão passarela.

E os padrões são elitistas. Quanto mais rico, mais magro. Esse é o padrão de beleza. Já em classes sociais mais baixas o padrão tende a ser o corpo com mais curvas, mais "carne pra apertar". Isso só prova que não é sobre o corpo das mulheres. Não é sobre beleza. É sobre manter as mulheres obcecadas e vigilantes com o seu corpo. É tanta energia gasta pensando no que comer, no quanto comeu, no que não pode comer, no que quer comer, que a mente da pessoa fica tão exausta que se aliena das coisas importantes que estão acontecendo ao seu redor. Mais uma vez citando Naomi Wolf, "dietas são o sedativo político mais poderoso".

Este pavor da gordura é um pavor do feminino. Gordura é característica do corpo da mulher. Como conta a jornalista Angela Saini no livro *Inferior é o car*lho*, as mulheres tendem a ter um percentual maior de massa adiposa no corpo do que os homens. "Homens têm tendência a ter músculos, mulheres têm tendência a ter gordura: o excesso de peso é muito mais perigoso para os homens do que para as mulheres (...) A gordura na mulher não é em si prejudicial à saúde."

"Mas fizeram a gente acreditar no contrário, né? As dietas e a magreza começaram a ser preocupações femininas quando as mulheres de alguns países da Europa receberam o direito ao voto, em torno de 1920. Entre 1918 e 1925 é surpreendente a rapidez com a qual a nova forma linear substituiu a forma mais cheia de curvas (...). A gordura na mulher é alvo de paixão pública, e as mulheres sentem culpa em relação à gordura, porque reconhecemos implicitamente que nosso corpo não pertence a nós, mas à sociedade, que a magreza não é uma questão de estética pessoal e que a fome é uma concessão social exigida pela comunidade. Uma fixação cultural pela magreza feminina não é uma obsessão com a beleza feminina, mas uma obsessão com a obediência feminina. (...) Uma população tranquilamente alucinada é mais dócil (...). A preocupação com o peso leva a um colapso virtual da autoestima no sentido de eficiência (...). A restrição calórica prolongada e periódica resultava numa personalidade cujos traços são a 'passividade, a ansiedade e a emotividade'."
Naomi Wolf, *O mito da beleza*

E a moda atua como a maior propagandista desse sistema de controle.

Mulheres fora do padrão de beleza ideal imposto pela moda têm mais dificuldade para conseguir encontrar pessoas com quem se identificam. Seus corpos são percebidos como não adequados. E essa sensação de inadequação, de não pertencimento, de invisibilização destrói o amor-próprio de qualquer uma.

É por isso que temos falado com tanta força que representatividade importa. Nos vermos e nos identificarmos com as imagens que vemos na mídia, na publicidade e na moda é importante para que as mulheres reconheçam o seu valor.

Graças à união de pessoas na internet clamando por representatividade, começamos a ver mudanças. Nos Estados Unidos, tem crescido a participação de mulheres gordas em produções culturais. O seriado *Good Girls* é um ótimo exemplo. Protagonizado por duas mulheres gordas, em nenhum momento o corpo delas é uma questão. No clipe de Jenifer, de Gabriel Diniz, hit do verão de 2019 no Brasil, a mulher tema da adoração é representada por uma mulher gorda, a atriz Mariana Xavier. Ela falou em seu canal sobre a importância de termos exemplos de mulheres gordas sendo representadas na mídia quando o assunto é interesse amoroso e desejo.

A diversidade abrange a aceitação e o respeito pela diferença e singularidade ao longo de dimensões de etnia, gênero, orientação sexual, status socioeconômico, idade, capacidade física e ideologias religiosas, políticas ou outras.

Corpos vêm em todas as formas, tamanhos, tons de pele, habilidades. E eles se adaptam ao longo da vida para realizar coisas comuns e extraordinárias.

E vamos aos fatos.

Mulheres que vestem 34, 44, 54, mais de 60 existem e consomem.
Mulheres que calçam mais que 39 existem e consomem.
Mulheres negras existem e consomem.

> **"A gente costumava falar que a roupa escolhia o gordo, não o gordo que escolhia a roupa."**
> Flávia Durante

A Pop Plus, a maior feira de moda plus size do mundo, é brasileira. Criado pela jornalista Flávia Durante em 2012, em São Paulo, o evento surgiu das próprias necessidades de sua fundadora, que não era atendida pela limitação de tamanho das lojas tradicionais e não se identificava com a moda Plus Size. E como a Flávia diz, "plus size não é um estilo, é um tamanho de roupa". Ela conta em seu blog que há uma demanda reprimida por roupas de tamanhos maiores, pois o mercado ainda é dominado por marcas que acreditam que a mulher gorda quer somente se esconder e que não precisa estar nas tendências atuais da moda.

Essas mulheres não puderam experimentar e se expressar através das suas roupas. Elas tinham que usar o que lhes era oferecido. Moda importa. E negar o acesso de mulheres gordas à moda é contribuir com a gordofobia que as afasta de espaços públicos, gera violências e vergonha.

RACISMO

Mulheres negras raramente se veem em catálogos, campanhas, lookbooks, desfiles, revistas, editoriais, livros de moda. Nem mesmo em fotos no Pinterest encontram mulheres parecidas com elas. Como vão saber que cores combinam com sua pele? Que combinações fazer? Que estilo usar?

No país que tem 55,84% da população autodeclarada parda e negra, só em 2011 a edição brasileira da *Vogue* exibiu uma modelo negra na capa. Avançamos desde então? Sim, mas ainda é muito pouco. É preciso que a moda assuma o seu papel de ser antirracista. É preciso que pare de contribuir para a invisibilização dessas mulheres.

Como mulheres negras vão gostar do que veem no espelho se elas não veem mais essa imagem em lugar nenhum?

Nem nas novelas, o mais importante produto cultural do país, as mulheres negras encontram referências pra si e pro seu vestir, já que elas tendem a ser retratadas nas histórias como escravas, empregadas ou mulheres pobres ~sem estilo~. Assim, tudo que é culturalmente negro é considerado como menor ou de mau gosto. A não ser que seja usado por brancos.

Isso me coloca na obrigação de citar os casos de marcas brasileiras e estrangeiras que recentemente reproduziram em seus produtos estampas racistas. Negras retratadas como escravas só geram mais sentimentos negativos.

As mesmas pessoas que não veem problemas nessas estampas não fazem ideia das preocupações que as mulheres negras passam quando se sentem seguidas ou observadas dentro de uma loja; ou têm a bolsa revistada sem razão. O preconceito pode até ser invisível para muitos, mas é latente para suas vítimas.

Mas a geração tombamento chegou para enfrentar isso. E ela foi batizada assim por causa da música "Tombei", da rapper Karol Conka, ícone do movimento de fortalecimento da negritude através da estética. Exaltar sua cultura preta, pobre e favelada é fazer resistência. Essa geração se empodera por meio da moda, da arte e da música. Sua estética é desafiadora. É um combate à invisibilização sofrida por séculos. E é uma estratégia usada em vários lugares do mundo, repetidas vezes, em diferentes épocas, como as Grandassa Models do movimento Black is Beautiful, dos Estados Unidos, os SAPEURS, os dândis do Congo, ou o Afrofuturismo que tá acontecendo agora no mundo todo (e que é forte influência da geração tombamento).

Esses movimentos de resistência são muito importantes, mas a gente não pode deixar cair novamente na história única do que é ser negro. Nem toda pessoa negra se identifica com esse visual supercolorido, ousado e chamativo. E tudo bem. Antes da diáspora causada pelo tráfico de pessoas escravizadas, nossos antepassados viviam em lugares com diferentes culturas. Não existe nem nunca existiu uma única versão do que é ser negro. A África é o berço da diversidade do mundo. São centenas de povos e culturas. Existem pessoas negras de todas as formas: altas, baixas, pequenas, grandes, de cabelo crespo e naturalmente liso, de cabelos escuros e até loiros! Num país mestiço como o nosso, essa pluralidade é ainda maior.

E só começamos a reconhecer nosso valor quando passamos a ter acesso e a ser influenciadas por conteúdos estrangeiros. Isso foi importante, mas a gente tem nosso jeito de usar e interpretar estas referências gringas. Antropofagizando a moda.

AGEÍSMO

Os retratos de mulheres sempre foram manipulados, não só para emagrecer ou afinar os traços. O rejuvenecimento forçado é uma realidade também. Antes de existir o Photoshop foi criado o AirBrush. E se uma mulher tinha 60 anos, os jornais e as revistas usavam uma foto dela aos 40. Se fosse inevitável usar uma mais atual, as equipes caprichavam no AirBrush para ~pintar~ a imagem, porque não se podiam mostrar rugas nos jornais. As pessoas não faziam ideia de como era a pele de uma mulher de 70 anos.

A obsessão pela juventude é uma questão grave na moda e na sociedade.

Mulheres de mais de 40 anos se sentem invisibilizadas, como se já não tivessem importância pra sociedade. Como eu disse lá atrás, as revistas voltadas para essas mulheres nos anos de 1990 trocaram modelos adultas por adolescentes de 14, 15, 16 anos.

E o que acontece quando uma mulher de 40 tenta seguir o padrão de corpo de uma garota de 15? Ela luta contra si mesma. Contra sua vida, contra sua história.

"O ganho de peso também é reconhecido, hoje, como um sintoma da menopausa", já nos dizia Naomi Wolf, em *O mito da beleza*.

O nosso corpo está em constante mudança, em cada fase da nossa vida. Mulheres acumulam e redistribuem a gordura do seu corpo ao longo da sua vida. São processos naturais, normais.

Mas ainda ouvimos muito o "isso não é pra minha idade". Ou seja, o estilo acaba sendo caracterizado pejorativamente pela faixa etária. Só que roupas não têm, ou pelo menos não deveriam ter.

Apesar disso, as marcas, numa baita falta de representatividade de modelos, parecem só mirar na idealização de mulher jovem. Mesmo as marcas voltadas pras mulheres mais velhas. Começam, assim, a fortalecer o estereótipo de que mulher "mais velha" não pode usar isso ou aquilo. Só que o mundo mudou. As mulheres mudaram.

E, principalmente, a expectativa de vida da população aumentou muito. Roupa não tem faixa etária, mas digo e repito: cada mulher deve se vestir de acordo com seu estilo de vida e, com o passar do tempo, as necessidades de vestimenta de cada pessoa podem mudar. Nosso corpo está em constante mudança, especialmente o corpo das mulheres. Gravidez muda o corpo, menopausa muda o corpo. Se as mulheres tendem a ficar maiores com o passar da idade, por que as marcas trabalham com numerações e tamanhos cada vez menores?

E não só as numerações, mas o design das roupas também. A indústria da moda, se quiser se manter relevante, não pode mais ignorar esses fatos. Porque nós mulheres não aceitamos mais ser ignoradas. Finalmente estamos vendo a imagem de mulheres de diferentes idades em produtos culturais como filmes e séries. Caso de *Gracie & Frankie*, série de comédia da Netflix protagonizada por Jane Fonda e Lily Tomlin nos seus 80 anos, ou mesmo a continuação do filme de ação *Exterminador do Futuro*, com a atriz Linda Hamilton novamente no papel de Sarah Connor, aos 62 anos. Mulheres de 30, 40, 50, 60 e até 80 anos agora têm sido mais vistas e retratadas como donas de suas próprias narrativas, histórias, de seus desejos e suas conquistas.

Tá na hora da moda despertar pra essa realidade. A gente tá envelhecendo e tá curtindo isso. O foco não é mais parecer mais nova. É parecer a gente mesma. E, sim, estamos mais jovens de espírito. Mas o nosso corpo, nossas rugas, a marca da nossa história, precisam ser respeitados. E vistos.

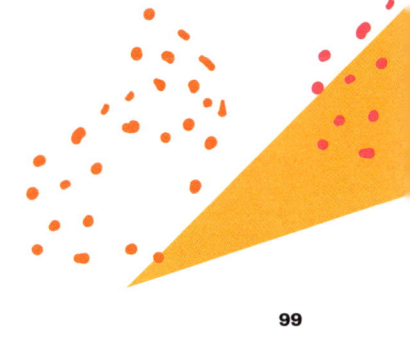

MODA INCLUSIVA

24% da população brasileira possui algum tipo de deficiência física segundo último censo do IBGE.

Moda inclusiva é sobre dar autonomia pra se vestir a essas pessoas. Mas mulheres com deficiência só são usadas como token (que é o péssimo hábito de fazer um esforço superficial ou simbólico pra ser inclusivo). Elas não ganham representatividade a longo prazo; as marcas não continuam a dar lugar a estas pessoas. Usam uma vez ou outra, só pra pagar de cool e inclusivas, enquanto na verdade não são. Se as roupas são difíceis de vestir por pessoas sem deficiência, imagina pras pessoas com deficiência o sofrimento e o custo que é se trocar.

Sendo que, pra estas mulheres, as roupas são um meio importante de construção da sua apresentação pessoal. A moda pode ajudar a desconstruir estereótipos e criar novas representações positivas pra mudar a forma como pessoas com deficiência são vistas na nossa cultura. Pra que elas se sintam incluídas no mundo e não mais à margem. Pra que a sociedade reveja seus preconceitos e suas atitudes com estas mulheres.

Elas existem. Elas só querem viver de boas com elas mesmas e com o mundo.

OLHAR MASCULINO X OLHAR FEMININO

As mulheres ainda sofrem muito com a pressão do olhar masculino sobre a moda feminina.

É só pensar na História. Sempre houve muito mais homens ditando tendências pras mulheres. As calças só ganharam atenção positiva (lembra que as mulheres que ousaram propor isso foram execradas?) quando um homem, Paul Poiret, apresentou sua versão nos salões parisienses. Por mais que desde então as coisas tenham mudado, com mais mulheres assumindo o comando das coleções femininas das grandes marcas de moda, por mais que estejamos questionando o que nós entendemos como bonito, sexy, masculino e feminino, ainda vivemos sob a influência cultural do chamado male gaze.

The Male Gaze é uma teoria criada em 1975 pela crítica de cinema Laura Mulvey, que fala sobre o olhar masculino em relação ao que devemos usar, vestir, e como devemos nos comportar. Com isso, as narrativas e histórias de mulheres acabam girando em torno da visão de um homem. O controle do patriarcado diz, de forma clara ou subliminar, pra agradarmos aos homens antes de agradarmos a nós mesmas.

Quantas vezes você já ouviu que homem não gosta de mulher com muita maquiagem?

Que homem não gosta disso? Homem não gosta daquilo?

Quantas vezes pautamos as nossas escolhas do que vestir baseadas no que um cara iria pensar?

Ou melhor (pior?), no que a sociedade espera que seja a roupa adequada pra que um homem se interesse pela gente.

Mulheres eram levadas a se vestir de forma a agradar aos homens: os maridos que davam a palavra final nos vestidos que as esposas iriam usar, os diretores dos filmes que aprovavam os figurinos da protagonista, os publicitários que determinavam como as mulheres seriam retratadas. Esse olhar masculino é algo que está entranhado na nossa cultura de um jeito que muitas vezes é difícil perceber sua presença. Porque ela já se camuflou entre os nossos conceitos culturais de gosto, beleza e adequação.

Assim, cria-se esse ideal pros homens, de que pra provar a sua virilidade e riqueza, eles têm que ostentar suas companheiras pela aparência delas, como um troféu.

Esse olhar masculino ainda domina a moda. Dentre os estilistas mais famosos do mundo, temos muito mais homens que mulheres. E esse padrão se repete com stylists, fotógrafos. Toda a cadeia da moda. A imagem de moda sempre foi uma história contada por homens brancos.

Atrair a atenção masculina funcionava pra gente quase como uma forma de sobrevivência. Porque, afinal, aos olhos da sociedade uma mulher só poderia ser feliz e realizada se tivesse um homem ao seu lado (e filhos, claro). E não vamos esquecer que, na cultura burguesa, a forma como as mulheres casadas (e suas filhas) se apresentavam pra sociedade indicava a prosperidade dos maridos, sua posição econômica e social.

As santas. As belas, recatadas e do lar. Aquelas pra casar e constituir família. Pra exibir pra sociedade. Enquanto isso, as mulheres negras e miscigenadas sempre foram representadas à margem, como as amantes, as vadias, as mulheres da vida que seduziam homens pelos atributos do seu corpo.

Assim, o padrão se repete. Você já cansou de ouvir que a moda é cíclica. Pois saiba que as formas de opressão também. Elas ganham apenas uma nova narrativa a cada temporada. Durante os sombrios tempos da Inquisição, que durou séculos, qualquer mulher que não seguisse o estereótipo das santas era queimada na fogueira. Criou-se um clima constante de medo e repressão. Tudo o que sabíamos sobre nosso corpo e sobre nós se tornou proibido. Errado. Sujo. Aprendemos a nos odiar só por termos nascido mulheres muito antes das revistas serem inventadas.

Uma mudança da perspectiva sobre as mulheres muda tudo.

No mundo do entretenimento já vemos a potência da transformação das perspectivas femininas. A indústria da moda precisa aprender, como a indústria do entretenimento vem aprendendo, que não basta só usar a imagem das mulheres. Tem que permitir que elas contem suas histórias e que elas tenham liberdade pra mostrar a sua visão de mundo. Cresce em Hollywood o número de filmes e séries protagonizados por mulheres, e também o de diretoras, roteiristas e produtoras. Mulheres decidindo que histórias elas querem contar e como querem ser retratadas.

O olhar feminino é a revolução de que a moda precisa.

A internet tem essa vantagem de abrir espaço pra que novas narrativas sejam contadas. Pra que a gente possa ampliar nosso repertório de possibilidades. Pra que possamos expandir nossos horizontes sobre o que é ser mulher.

Então, se você trabalha com moda, chame as pessoas pra conversar. Não tente impor seu estilo ou sua estética. Não use ninguém como manequim. Respeite a vivência das pessoas que você quer que representem e consumam sua marca.

CONSUMISMO

"É preciso, de qualquer jeito, que a mulher se sinta fracassada... Um bom consumidor é um consumidor inseguro."
Virginie Despentes, *Teoria King Kong*

Olá, eu sou Carla Lemos e sou consumista.

E, como muitos vícios, acredito que o consumismo não tem cura definitiva, mas pode ser controlado. Até porque nós vivemos na sociedade do consumo e há estímulos por todos os lados. O tempo todo fazem a gente "descobrir" que quer uma coisa nova que a gente nem sabia que existia ou que precisava mas que agora tem que ter porque vai fazer a vida melhor.

E a gente compra pelo desejo de satisfazer uma necessidade. Se a autoestima está baixa, você quer uma roupa que a faça se sentir bonita, apenas por fazer, pelo gesto de adquirir mais uma coisa, ou mesmo aquela vontade de se dar um mimo. Afinal, vivemos na sociedade onde "ter é ser".

Eu sou consumista, mas aprendi a me controlar. Hoje, quando bate aquela vontade de comprar tudo, eu consigo não sofrer. Eu paro, respiro e assim consigo analisar racionalmente as minhas escolhas e, o mais importante, a origem dessa vontade. Hoje meu autoconhecimento me permite entender que meus rompantes consumistas aparecem quando tem alguma coisa errada, quando estou insegura, triste e frustrada. Ok, de vez em quando é só porque estou muito empolgada diante de coisas muito fantásticas (como livros, lojas de museu e maquiagens da Rihanna). Mas, hoje, reconhecer isso é permitir tratar os meus problemas na fonte e não cair na tentação de dar soluções paliativas (e caras) de satisfação pessoal.

Minha relação com as compras vem desde a infância. Minha relação com a minha mãe nunca foi muito boa (sempre foi mais pra Emily e Lorelai do que Lorelai e Rory, fãs de *Gilmore girls* entenderão!). O nosso momento feliz juntas era fazendo compras (por mais que quase sempre rolasse um conflito de estilos). Passar a tarde em Madureira ou no Barra Shopping experimentando roupas e sapatos era o que a gente mais tinha em comum. Era nosso programa de garotas.

Logo que comecei a ganhar algum dinheiro extra, eu gastava com roupas. Passava cartão e fazia cheques (mesmo sem garantia de que teria fundos). Não demorava pra eu perder o controle e ficar endividada. Nome no Serasa. Daí eu ficava sem ter como comprar e parecia um anjo convertido. Assim, eu parava de frequentar ambientes e evitava comportamentos que despertassem em mim aquela ansiedade de consumo. Mas bastava começar a sobrar um dinheirinho de novo que eu voltava ao mesmo ciclo consumista, gastando todo o dinheiro que tinha (e que não tinha), me endividando, não tendo como pagar e ficando com nome sujo de novo.

E vai ver o quanto eu aproveitei dessas coisas todas nas quais eu gastei meu dinheiro? Quase nada. Comprava roupas que eu achava bonitas, mas que nem me vestiam bem ou faziam parte do meu estilo de vida. Sim, eu era uma daquelas que compravam roupa porque achava linda, mas não tinham nem ocasião pra usar.

O lance, já comprovado por pesquisadores, é que a satisfação e o prazer proporcionados pelo consumo são menos sobre o que a gente compra e mais sobre as motivações que nos levam a comprar.

O povo de marketing identifica as nossas necessidades e nos mostra como podemos satisfazê-las através daquele estilo de roupa. E, assim, eles colam na roupa todo o significado simbólico que aquela foto desperta em você: liberdade, alegria, glamour, riqueza... Tem sensações pra todos os gostos listados pelos guias de tendências.

Assim, somos levadas a acreditar que quando compramos aquele produto, satisfazemos todas as nossas vontades. E bate uma onda gostosa de prazer e euforia na hora da compra, que faz você acreditar que a vida agora vai ser só felicidade. Que maravilhoso seria se fosse assim tão simples, não é mesmo?

É aí que a parada mexe com a gente.

O meio em que você vive influencia muito. A gente tem essa necessidade de se encaixar, se sentir integrada e respeitada pelo grupo do qual fazemos ou queremos fazer parte. Quanto mais novas, mais as mulheres sentem essa pressão. E quando você tá envolvida com moda, então... A pressão por "estar na moda" é potencializada. Além de toda pressão estética, você é julgada pelas marcas que usa.

Eu vivi o ápice da minha crise consumista quando eu fazia parte de um grupo de blogueiras. Eu convivia com pessoas que têm muito mais dinheiro que eu, entre filhas de políticos, latifundiários e empresários poderosos. Passei a viver uma realidade muito diferente da minha, frequentando ambientes de luxo, completamente fora da minha realidade de garota suburbana.

Assim, eu me sentia compelida a gastar, a querer ter as últimas novidades. Sempre fui a diferente, a criativa, a garota rebelde da moda. E eu gostava disso. Mas eu queria sentir que fazia parte daquele universo de status também.

Eu não podia consumir produtos de luxo, mas ir às fast fashions era meu momento de fazer parte do clube. Só que ainda assim contava dinheiro pra fazer minhas comprinhas, enquanto elas passavam cartão como se cada compra fosse um cafezinho, trazendo sacolas e mais sacolas pro quarto de hotel todo dia. E é uma sensação muito louca a gente querer se provar o tempo inteiro. Eta, síndrome de impostora safada. Eu sabia que estava lá ocupando aquele espaço por causa do meu intelecto, das minhas ideias, mas não conseguia acreditar que era plenamente merecedora porque não correspondia ao estereótipo da imagem típica do sucesso. Eu ainda não tinha total consciência de cor e de classe.

Assim, fui convencida, por dezenas de posts em blogs e revistas de moda, que a solução pros meus problemas era possuir um item de luxo, ter bolsa de marca. É um investimento, diziam os fashionistas sobre os acessórios grifados tipo it bag, daquelas que o povo da moda chama pelo nome.

De repente, logo eu, que nunca gostei de usar bolsas, estava obcecada por ter uma bolsa que custava três vezes o valor do meu aluguel. Mas eu não aguentava mais me sentir deslocada nos ambientes que eu frequentava. Mesmo sem ninguém nunca ter dito nada, eu sentia essa pressão. Eu já era a garota suburbana que tava lá junto com a elite da moda brasileira e global, tomando brunch com a editora de moda da *Vogue* inglesa e jantando com a estilista revelação da temporada londrina, hospedada em quartos de hotéis em que a reserva de uma semana pagava um ano do meu aluguel no Rio de Janeiro.

Eu precisava de algo que me fizesse sentir que eu também podia ser parte daquele universo. E a bolsa parecia ser a credencial ideal. Assim, eu repetia pra mim mesma tudo que eu lia nos blogs, nas revistas, tudo que eu ouvia das pessoas ao meu redor: bolsa é um investimento.

Só que eu tenho essa mania de ser diferentona, né? Eu queria me sentir parte, mas também não queria estar igual a todo mundo. Eu não queria uma bolsa aristocrata, nem podia pagar uma bolsa de marca de alta-costura. Eu queria uma bolsa com design interessante, de uma marca moderna, que fizesse eu me sentir a musa do streetstyle. Então comprei uma bolsa de uma marca nova-iorquina que eu adorava e era hit nos blogs gringos que eu gostava.

E realmente usar a bolsa me trouxe certo conforto. Eu me sentia mais à vontade e bem mais integrada com os ambientes que eu frequentava. Só que aí comecei a perceber que isso era coisa da minha cabeça (olha o poder psicológico do vestuário aí!). Que as pessoas nem reparavam na bolsa, eu que me sentia mais à vontade sabendo que tinha gastado aquela grana toda. E daí eu comecei a me questionar por que eu tinha transformado em algo tão importante a compra desta bolsa milionária, que me deixou no maior aperto financeiro. Poucos meses depois, numa festa, uma das peças da alça da bolsa ainda quebrou. Continuei usando assim mesmo, porque jeitinho brasileiro serve é pra isso, mas sabe? Pareceu lição do universo. Gastou tanto dinheiro numa bolsa pra quê?

Nesse mesmo período de luxo da minha vida aconteceu algo que eu considero a fagulha que me fez despertar pra cultura do consumismo promovida pela moda (e que acabou ajudando muito no meu controle). Numa viagem pra Semana de Moda de Nova Iorque, dividi o quarto com uma amiga blogueira que comprava tanta roupa em fast-fashion, mas tanta, que um dia ela chegou no quarto e se deu conta de que tinha levado peças de tamanho errado. Ela me ofereceu, mas eu disse que também não eram meu tamanho. E então ela julgou que seria melhor largar as peças no hotel mesmo, porque eram tão baratas que nem valeria a pena perder tempo voltando na loja pra trocar.

Aquele momento me marcou muito. Porque eu lembrei da minha infância, do quarto de costura da minha tia, de todo o trabalho que ela tinha pra fazer o molde, cortar o tecido, costurar, dar acabamento... Produzir uma roupa dá trabalho, leva tempo, não tem máquina produzindo 300 unidades por minuto. E nessa época já começavam a rolar as primeiras denúncias sobre as condições de trabalho nas fábricas que produziam as roupas das grandes redes de fast-fashion. Bateu uma bad danada.

Mas não foi como se a partir dali eu tivesse tido um estalo e magicamente me tornado uma pessoa superconsciente do meu consumo, passando a comprar só o estritamente necessário. Mas esses episódios foram marcantes pra mim, porque me fizeram questionar... A partir daí, comecei a refletir sobre todo o dinheiro que gastei em roupas, e o que eu poderia ter feito com ele... Quantos cursos eu poderia ter feito? Quantos lugares eu poderia ter conhecido?

Mulheres são as principais consumidoras no mundo. A consultora Bridget Brennan, em seu livro *Why She Buys* [Porque ela compra], afirma que as mulheres são responsáveis por 70 a 80% de todo o consumo mundial, seja através do seu poder de compra ou do poder de influenciar as escolhas de compras feitas por outras pessoas.

Mulheres também são as principais cuidadoras de crianças e idosos, cabendo a elas a responsabilidade de fazer as compras dessas pessoas. Muitas vezes, essa função se estende a outros membros da família.

Mulheres ainda são as que ganham menos. Mulheres brancas no Brasil ganham 22% a menos que homens; com mulheres negras essa diferença é ainda maior. Isso sem falar que é destinada às mulheres a maior parte dos cargos de baixa remuneração.

Conseguiu fazer a ligação entre essas estatísticas? Mulheres ganham menos, compram mais e, por isso, estão sempre liderando os rankings de endividamento.

Quantas vezes fomos retratadas como seres que se realizam com a aquisição de itens de moda como roupas, joias e sapatos? Quantas comédias românticas (desde aquelas com Marylin Monroe até *As patricinhas de Beverly Hills*), séries (tô falando de você mesmo, *Sex and the City*) e até mesmo livros (turu bom, Becky Bloom?) e músicas (como 7 rings, da Ariana Grande: "Acho que terapia do consumo é meu novo vício... A felicidade tem o mesmo preço de um Louboutin") normalizam o consumismo como um comportamento típico feminino. E pior, como se esse fosse o segredo da nossa felicidade. Spoiler: Não é.

Já nos anos 1960, a ativista Betty Friedan narra em seu livro *A mística feminina* como a exigência de um comportamento submisso e dedicado à casa fazia com que as mulheres tivessem distúrbios psicológicos, como a depressão. E elas tentavam curar esses problemas comprando coisas que lhes trariam tempo, satisfação familiar e juventude: assim, a publicidade vendeu novos eletrodomésticos, novos produtos de limpeza, novos alimentos industrializados de rápido preparo, novos cremes de beleza e vestidos. Toda uma prosperidade econômica pautada no desespero feminino.

As revistas de moda surgiram, no final do século XIX, da necessidade de comunicar e vender produtos para as mulheres. A maior parte do seu conteúdo era sobre cuidados com o lar e da casa, acompanhados de dicas de moda e beleza e muitas páginas com indicações das melhores compras em seleções especiais. Havia também os editoriais com imagens belíssimas e sedutoras de peças e produtos "tem que ter" para você se sentir tão diva e plena quanto as mulheres que estampam as páginas.

E não era só isso. Revistas e sites de fofoca perpetuaram a ideia de que era ruim repetir roupas, fazendo matérias pejorativas quando uma mulher famosa fazia isso em ocasiões públicas. Mas nunca vi matéria criticando homem por repetir o mesmo terno... Isso faz com que as mulheres comuns se sintam inseguras de também serem vistas repetindo roupa e serem julgadas como as famosas.

A democratização do acesso à informação de moda trouxe muitas coisas ótimas, claro, mas também ajudou a intensificar o consumismo e a compulsão por compras das mulheres.

Tudo por causa da superexposição às imagens de moda. A #fashion é a 4ª mais usada no Instagram, que hoje já tem mais de 1 bilhão de usuários ativos.

As primeiras blogueiras de moda surgiram e cresceram compartilhando seus looks do dia reais. E essa era uma das coisas mais fascinantes, porque pela primeira vez a gente tinha referências de estilo além dos editoriais superproduzidos e irreais das revistas de moda. Assim, os blogs se tornaram uma plataforma de compartilhamento de ideias. Como a Cris Guerra, do *Hoje vou assim*, o primeiro blog de looks diários do Brasil. Era uma delícia acompanhar os looks de trabalho da Cris porque eles eram reais. Ela repetia roupas, criando inúmeras combinações diferentes entre as peças do seu armário.

Isso, claro, fascinou mulheres que por tanto tempo foram excluídas das narrativas de moda. Agora o estilo das passarelas não era mais acessível apenas à elite que podia pagar pelas marcas de luxo. As minas piraram. E foram se viciando na sensação de prazer de, finalmente, estar fazendo parte da moda.

Mas logo a indústria da moda descobriu o potencial de vendas destas garotas "comuns" que compartilhavam seus looks na internet.

Eu mesma vivi isso. Nos primeiros anos do Modices, eu não postava meus looks do dia. Na verdade, eu até me recusava. Queria era compartilhar minhas ideias, minhas referências, não me expor. Ok, que isso tinha muito a ver com a minha péssima autoestima, mas o reconhecimento que eu buscava não era o de "modelo", era de "editora de moda". Mas chegou um momento em que não teve jeito. Precisei usar a minha imagem e os meus looks pra pagar as contas. Tudo por pressão da indústria.

Assim, mulheres que produziam conteúdo de moda independente na internet se tornavam um veículo barato e muito eficiente para vender roupas e acessórios. As marcas começaram a encher influenciadoras de mimos em busca de "postagens espontâneas" ou mesmo patrocinavam looks do dia. Essa iniciativa acabou destruindo a naturalidade dos looks de outrora e transformou o perfil dessas mulheres em guias de consumo. As influenciadoras passaram a aparecer com uma roupa diferente a cada postagem pra acompanhar o ritmo insano de lançamento das lojas.

Só que isso leva a extremos. E muitas vezes gera uma angústia e ansiedade em quem é impactado por estes perfis. Quando uma pessoa é obcecada por tendências e tem uma dependência em se manter na moda, e em ser a primeira a comprar e usar, ela é uma vítima da moda.

E essa é uma espécie de cronopatia, uma doença associada ao tempo, como diz a psicanalista francesa Pascale Navarri em seu livro *Moda e inconsciente*. Ela afirma ser "a expressão de uma certa insatisfação quanto à sua própria imagem que de maneira repetida precisa ser modificada segundo o espírito da época", e continua: "Trata-se de um circuito psíquico bastante curto, em que não há o menor espaço para imaginação pessoal, em que a questão do novo, que é preciso dominar antes de todo mundo, aparece como tema central. Sob essas aparências agradáveis e superficiais, uma espécie de autoagressão predomina, manifestada pelo abandono de uma estética pessoal."

As pessoas estão tão inseguras, sem saber quem elas são, que elas tentam se encontrar através da imagem que os marketeiros da moda vendem. E assim, as mulheres chegam ao estágio em que não sentem prazer em expressar seu próprio estilo ao se vestir. Elas querem seguir o estilo da marca desejada buscando status por associação. E é até bem possível que a pessoa consiga isso, mas por quanto tempo? E a que custo?

O fato é que nós, seres humanos, gostamos mais da jornada que da chegada. O desejo de conquistar e todo o esforço feito para tal liberam mais dopamina que quando de fato a gente chega lá. Porque quando chega lá, a gente percebe que aquela busca era vazia de propósito. Isso porque a dopamina tá ligada ao desejo, não ao prazer.

E nós agimos movidos pelo desejo. Logo, a dopamina influencia nossas tomadas de decisão. Assim, somos levadas a acreditar que, quando comprarmos aquele produto, satisfaremos todas as nossas vontades. E bate aquela onda gostosa de prazer e euforia na hora da compra, que faz você acreditar que a vida agora vai ser só felicidade. Que maravilhoso seria se fosse assim tão simples, não é mesmo?

Nenhuma peça de moda vai, sozinha, satisfazer a sua necessidade de se expressar e ser reconhecida e valorizada na sociedade. Por mais que muitas marcas queiram fazer você acreditar que sim. É por isso que a moda não gosta de mulheres seguras de si. Elas compram menos, escolhem melhor e exigem muito mais.

Comprar compulsivamente não faz bem pra você. Nem pra sua saúde mental, nem pra sua saúde financeira, e muito menos pro planeta.

SUSTENTABILIDADE RASA, DISCURSOS RASOS

**"Compre menos. Escolha bem.
Faça durar."**
Vivienne Westwood

Quanto mais as mulheres se rendiam aos seus delírios de consumo alimentados culturalmente, mais se frustravam ao abrirem seus armários e constatarem que, por mais que eles estivessem lotados, muitas vezes cheios de peças ainda com etiqueta, a sensação era de que não havia nada pra usar.

Enquanto umas têm armários abarrotados e a sensação de que não têm nada pra vestir, uma parcela assustadoramente grande de mulheres não consegue nem encontrar roupas que lhe sirvam nas lojas. Seja vestindo tamanho 34, 46 ou 60 ou calçando mais de 40, parte da população feminina encontra dificuldades diárias pra achar peças que sejam do seu tamanho e adequadas à sua rotina e às suas finanças.

Uma das armadilhas do discurso raso de consumo consciente na moda, dessas que já virou ferramenta de marketing, é jogar toda a responsabilidade em cima dos consumidores, o que acaba recaindo sobre nós, mulheres, afinal, nós somos as responsáveis por 80% das compras.

Ou seja, quando dizem que é responsabilidade do consumidor checar a procedência e a produção das peças que compra, na real, estão jogando mais uma tarefa nas costas das mulheres, aumentando ainda mais a nossa carga mental.

Fazer escolhas é um processo mental exaustivo. Quando compramos uma roupa, precisamos avaliar se o estilo combina com a gente, se a modelagem nos serve, se o tecido é adequado, se a cor funciona, onde usar, com quais peças do nosso armário combina... Já temos uma lista enorme de coisas a serem consideradas numa compra que são parte importantíssima do processo de consumo consciente. A cadeia de produção não deveria ser mais um item dessa lista. Afinal, se estamos comprando roupas num comércio legalizado, deveríamos ter a segurança de que aquele produto atendeu a todos os pré-requisitos de uma produção justa.

Toda peça de moda vendida legalmente deveria seguir regulamentação básica de transparência na cadeia de produção. Até quando vamos cobrar da consumidora uma responsabilidade que deveria ser do governo, de órgãos reguladores e, principalmente, das grandes indústrias?

É como o discurso de economia de água. Dizem que devemos economizar no banho, mas pra fazer uma única calça jeans gasta-se pelo menos 3 mil litros de água. É muita água, gente! Esse cálculo leva em consideração o momento em que o algodão é plantado até o dia de descarte da peça. Então não é só o tempo de banho que precisa mudar, são os processos da indústria. Entendeu quem é que tá realmente afetando o planeta?

Desde que saiu um relatório sobre a presença de microplásticos nos oceanos, vejo matérias e posts jogando no glitter a responsabilidade pela proliferação dos microplásticos do oceano. Sendo que o glitter nem é mencionado no relatório oficial! E 80% dos microplásticos despejados no oceano vêm das máquinas de lavar, por conta do poliéster. Estima-se que 60% das roupas produzidas no mundo hoje sejam de poliéster. Temos que cobrar que a indústria se responsabilize pelo combate à poluição dos oceanos. Assim como os carros hoje são obrigados a ter catalisadores pra reduzir a emissão de gases poluentes, as lavadoras podem ter filtros especiais e evitar que tudo isso continue poluindo.

Sustentabilidade não é opção. É urgência. Afinal, não temos opção, não temos outro planeta! A indústria da moda (desde o agronegócio do algodão à indústria têxtil) precisa assumir a sua responsabilidade na crise climática. Não dá mais pra indústria se sustentar à base de roupas que são criadas e produzidas pra serem descartáveis. Roupas que não atendem as necessidades atuais da vida das mulheres. Da vida no século XXI!

Em 2014, durante o #ModicesnaEstrada, um projeto onde viajei de carro por mais de 16 estados do Brasil, conheci o polo de moda de Caruaru, no agreste de Pernambuco. E lá bateu, pela primeira vez, a sensação de que tinha roupa demais sendo produzida no mundo, e pra ninguém. Eu olhava pros prédios comerciais e as salas estavam socadas de sacos de roupas, principalmente jeans. Era muita calça jeans cheia de aplicação, lavagens, brilhos e todo tipo de ornamentos. Lembro que na hora cheguei a me perguntar o que eles iam fazer com tanta peça, já que ninguém tava mais interessada naquele estilo. Em 2018, fui fazer o roteiro de brechós do Brooklyn, e o tamanho dos galpões era assustador. Uma vez, ouvi dizer que se parássemos de produzir roupa hoje a humanidade ainda teria o que vestir por décadas.

Como falei no capítulo 3, se é pra produzir roupas novas, que se invista em tecnologia, design e funcionalidade, em vez de desperdiçar esses recursos com a produção de peças que vão se desfazer num piscar de olhos, totalmente não funcionais. Só com a junção desses três pilares vão surgir formas de sanar os problemas que afetam a cadeia da moda.

O sistema que tem que mudar. Precisamos urgente de soluções coletivas. Deveria ser um esforço de toda a sociedade garantir que todas as empresas assumam suas responsabilidades com o meio ambiente e os seres humanos (que, na moda, são na maioria mulheres) envolvidos com essa produção.

Vamos parar de jogar a culpa nos indivíduos e cobrar das empresas uma solução pros problemas que afetam todo o planeta. Precisamos aliviar a carga mental das mulheres.

A opressão é forte, e a desconstrução não é simples. Mas eu acredito que informação é poder, e tendo todos esses dados, entendendo as diversas forças contra nós que existem, você tem ajuda pra seguir na sua libertação e promover grandes transformações.

Como alertou bell hooks em *O feminismo é para todo mundo*: "Não seremos livres até que as feministas retornem à indústria da beleza, retornem à moda e criem uma revolução contínua e sustentável. Não saberemos como amar o corpo e a nós mesmas."

E não ter liberdade é viver um relacionamento abusivo.

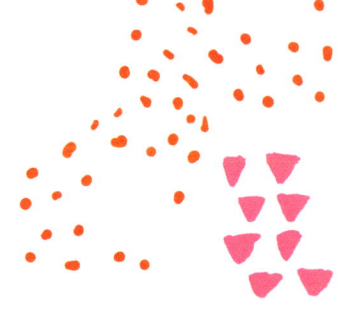

VAMOS VER ALGUMAS DAS CARACTERÍSTICAS DE UM RELACIONAMENTO ABUSIVO?

- ☐ O seu parceiro sempre te põe para baixo
- ☐ O seu parceiro te critica com frequência
- ☐ O seu parceiro se recusa a conversar
- ☐ Ele te ignora ou te exclui
- ☐ Você se sente controlada e dominada
- ☐ Você sente culpa com frequência
- ☐ O seu parceiro diz que tudo é culpa sua
- ☐ O seu parceiro isola você de convívio social
- ☐ Ele te controla financeiramente

AGORA PENSA NA SUA RELAÇÃO COM A MODA...

Quando experimenta roupas, você se sente triste com seu próprio corpo? Sente que precisa controlar o seu corpo (emagrecer, fazer procedimentos estéticos) pra caber nas roupas? Você se sente culpada quando as roupas não te servem? Pensou ou deixou de ir a algum lugar porque "não tinha roupa" pra usar? Quanto você gasta com moda? Esses gastos ocupam boa parte do seu orçamento mensal? Pensar em ter que comprar uma roupa nova já te deixa insegura? Você queria experimentar coisas diferentes, mas tem medo?

Muito provavelmente, você está num relacionamento abusivo com a moda. E é importante se libertar desse ciclo. Você precisa assumir o controle dessa relação. A moda existe pra te servir. Não aceite nada menos que isso.

CAPÍTULO 5

NOVAS IDEIAS DE MODA

Neste capítulo vou compartilhar os meus processos (muitas vezes intuitivos) e a minha experiência de ressignificação da moda. Vou compartilhar caminhos e informações pra você construir uma nova relação com a moda. Uma que te faça feliz, potencialize suas qualidades e impacte positivamente a sua vida.

A indústria tradicional da moda está em crise porque as mulheres cansaram de tentar parecer ser outra pessoa. A gente só quer ser a gente mesma. Ser a melhor versão de nós mesmas. Vestir o nosso corpo.

E depois de desconstruir todas as ideias ultrapassadas de moda, precisamos reconstruir nossos conceitos. Desenvolver novas ideias de moda. Virar a chave e começar a pensar a moda, com consciência de toda a sua potencialidade. Como vimos no capítulo 1, moda importa. A gente também pensa com nosso corpo. O que a gente veste influencia nosso comportamento. E também é a forma como a gente se promove pros outros. O vestir também é uma experiência social.

Li no livro da Maria José de Souza Coelho, *Moda e a sexualidade feminina,* que o "'Não sei o que vestir' equivale a dizer 'Não sei quem sou e nem onde estou' (...). A mulher percorre a moda em busca de si mesma. A procura feminina através da moda é para tê-la como aliada nas suas vivências, nos seus rituais de passagem simbólicos, na sua estabilização, na sua conquista de se alcançar e se encontrar enquanto mulher". Afinal, como disse Simone de Beauvoir, "não se nasce mulher, torna-se mulher".

A moda é um jeito de se encontrar.

Uma coisa que adoram repetir na moda hoje é: "Vista-se de você mesma." E aí aquela pergunta fica ecoando na cabeça...

QUEM EU SOU?

Não se acanhe se não souber a resposta. Porque essa é uma perguntinha danada de difícil. Uma pergunta que já pirou muita poeta, filósofa, artista. E, na real, o fato é: você está em constante mudança. Simples assim. Como diz Jane Fonda, "qualquer indivíduo saudável deve estar em revolução e em mudanças perpétuas".

Porque você é a coleção dos seus sentimentos, das mudanças na sua vida, das coisas que você lê, dos lugares que você frequenta, das imagens que você vê, das situações pelas quais você passa... Enfim, de todas as experiências que você vive. Somos fruto do nosso meio. Nós não somos hoje a mesma pessoa que fomos cinco anos atrás. E que bom! Evoluir é ótimo.

A vida inteira achei que, aos 30 anos, eu me vestiria de uma determinada forma. Pois os 30 anos chegaram e... não era nada daquilo. A gente cria expectativas sobre quem seremos no futuro, mas quando o futuro chega a gente vê que não é bem assim. O mundo mudou, a vida mudou, meus desejos de moda não são mais os mesmos que eu tinha 15 anos atrás.

"Passamos toda a vida nos preocupando com o futuro. Fazendo planos para o futuro. O futuro é o lar dos nossos medos mais profundos e das nossas maiores esperanças. Mas uma coisa é certa: quando ele finalmente se revela, o futuro nunca é como imaginamos."
Meredith Grey, Grey's Anatomy

As mudanças acontecem gradualmente, todo dia, até que uma hora cê vai perceber que alguma coisa tá diferente. E aí, você vai buscar formas de representar esse seu novo eu. Esses processos são naturais, principalmente se você se mantiver ativa, aprendendo sempre e exercitando sua criatividade.

JORNADA DE AUTOCONHECIMENTO

Assim como conhecer a história do mundo é importante pra gente entender melhor nossa relação com a moda, revisitar a nossa história é fundamental também. Nossas primeiras escolhas de moda são as nossas referências mais profundas. O jeito como você sempre se vestiu interfere nos seus gostos atuais.

Quer ver como? Passei anos da minha vida usando uniforme do colégio: camiseta cinza mescla e calça azul royal. Por mais que eu odiasse e sonhasse mesmo em usar roupa normal, como nos filmes americanos a que eu assistia na Sessão da Tarde, percebi que essas são cores que até hoje me fazem sentir confortável quando uso. Deve acontecer coisa parecida contigo, e você nem se deu conta.

Revendo minhas fotos de infância, também é fácil perceber que sempre usei jeans, tênis, looks coloridos, pochetes e estampas. A adolescência foi a época que virei fã de jardineiras, camisetas de banda e oxfords. Tudo isso se misturou e se reflete na Carla de hoje.

Por isso, mergulhe na sua história. Na da sua família. Reveja suas fotos de infância, adolescência, da sua mãe, de tias e avós também. Puxe pela memória o que não está nas fotos. Descubra suas histórias. Relembre os lugares que você frequentava, as músicas que você ouvia, os programas que você assistia. Se conecte com quem você foi. Se reconheça.

**QUERO VER SEUS
LOOKINHOS E A
SUA HISTÓRIA NA
#USEAMODAASEUFAVOR**

Usando boina nos forrós da adolescência e depois dos 30 em viagem a Nova Iorque.

O QUE ME INSPIRA?

Pegar suas fotos antigas e ver como sua relação com a moda foi se transformando de acordo com suas mudanças internas pode ser catártico. Essa pode ser a chave pra quem está naquela fase de entender o próprio estilo. É uma ótima forma de lembrar o que te deixava confortável ou desconfortável desde cedo – e essas sensações não costumam mudar tanto.

Como era sua vida?

Onde você nasceu?
Por onde você passou?

Qual a cultura do lugar de onde você veio?

O que você usava?
Quais eram seus looks favoritos?
(não precisa ter foto pra provar, é só descrever os looks numa listinha)

O que você gostava de ouvir?
veja os clipes, shows, monte uma playlist no Spotify e pesquise no Pinterest... Inspire-se. Salve suas imagens favoritas.

O que você gostava de ver?
Quais são seus filmes favoritos, novelas, séries, personagens com quem você mais se identificava?

Quem são seus ídolos, as pessoas que você admira?

Quem você admira pelos seus valores e ideais?

Compare suas fotos.
Quais são os pontos em comum?
Cores? Peças? Formas?

Faça listas das coisas que você gosta e não gosta.

O que você continua usando?
O que não usa mais?

Qual era o look dos seus sonhos?

Como você já quis se vestir?

O que você nunca experimentou?
E o que ainda quer experimentar?

FILTRE AS REFERÊNCIAS

É bom que esta pastinha esteja sempre em movimento. Pelo menos a cada virada de estação, é legal você ir lá, dar uma atualizada. Organizar. Tirar referências que você já não curte tanto e trazer coisas novas. Assim você vai expandindo seu universo de possibilidades.

**VALORIZE.
COLECIONE.
ACRESCENTE.
MISTURE.
EVOLUA.**

JUNTE SUAS REFERÊNCIAS

Assim você terá o seu painel #oquemeinspira, reunindo suas referências de estilo. Quando não souber o que vestir, quando desejar uma peça, quando estiver com o carrinho cheio, prestes a fazer uma compra por impulso, dá uma olhadinha no seu próprio universo.

Antes de entender seu estilo de vestir, você precisa entender seu estilo de vida, o tão falado *lifestyle*. Só que a versão vida real, não aquele aspiracional da moda e de feed do Instagram, né? Pra isso, você precisa se fazer uma perguntinha básica: o que funciona na sua vida?

Tá tudo bem em querer uma roupinha nova de vez em quando. Eu amo também, vivemos no capitalismo, não é mesmo? O importante é fazer compras que sejam realmente úteis, senão é só dinheiro jogado fora, por algo que vai ficar encostado no seu armário. Roupa tem que fazer sentido na sua vida.

Você não precisa ter camisa social branca, calça de alfaiataria e scarpin preto se isso não combina com você, com sua cultura, com sua rotina. Ao contrário do que os livros de moda do século passado diziam, ninguém precisa ter nada. Até porque não existe um look que funciona pra todo mundo.

Você precisa respeitar sua rotina, sua situação financeira, suas necessidades.

Quer fazer um teste bem simples pra entender o que combina com sua rotina? É só marcar as opções que se encaixam com você:

■ usa muito transporte público	■ mora em lugar frio
	■ mora em lugar quente
■ anda muito de carro	■ mora em lugar chuvoso
■ se desloca a pé	■ é sociável
■ tem filhos pequenos	■ é introspectiva
■ tem trabalho formal	■ é friorenta
■ fica muito em casa	■ é calorenta
■ é baladeira	■ _____
■ é estudante	■ _____
■ estuda e trabalha	■ _____

Parte de baixo branca não costuma funcionar muito pra quem anda pra lá e pra cá de transporte público – suja muito, né? Decotes profundos e saias curtas não ajudam quem tem que correr atrás de criança o tempo todo. Saltos altos servem melhor a mulheres que ficam muito tempo sentadas, mas são o inferno pra quem anda demais a pé. Com esses entendimentos claros sobre suas necessidades, você se torna mais consciente das suas escolhas.

CRIE SUA ZONA DE CONFORTO

Mas o quê? Como assim, Carla? Todos os quadrinhos das lojas de decoração, milhares de imagens motivacionais no Pinterest falam pra gente sair da zona de conforto. Como assim você tá me mandando criar uma?

Pois é, é isso mesmo. Aqui, sua zona de conforto é seu espaço seguro. E ele é formado pelas suas experiências com a moda. Você cria a sua zona de conforto com as coisas que você sabe que gosta nas suas roupas, nos seus sapatos e acessórios: cores, modelagens, comprimentos, tipos de estampas e acabamentos. As coisas que fazem você se sentir confortável fisicamente e emocionalmente. É a partir desse entendimento das coisas que você vai construir uma nova relação com a moda.

Quando você tem no seu armário roupas que você sabe que funcionam com seu corpo, você se sente mais segura. E isso faz bem pro seu psicológico. Procure peças com as quais você tenha uma relação afetiva. Assim, quando você experimentar algo novo, você vai ter uma base segura pra descobrir novas combinações infalíveis que vão te trazer segurança pra explorar coisas novas e expandir seu repertório.

Sempre que você quiser usar uma peça nova, seja um óculos, um novo sapato, uma nova silhueta ou mesmo uma cor diferente na maquiagem, é só usar como base a sua zona de conforto.

"Seja curiosa sobre tudo, preste atenção nos outros e em você mesma, se inspire, tenha confiança em você, cresça, seja realizada e inteira — não é sobre isso que é a vida?"

Diana Vreeland

PRA SE DESCOBRIR NA MODA

Treine o seu olhar (tudo que é novo causa estranheza, então você precisa exercitar seu olhar, se rodear de inspirações e referências). Vale criar pastinha no Pinterest, álbum especial no seu celular, mural na sua parede...

Experimente! Teste diferentes combinações. Tire foto em frente ao espelho, crie uma pastinha no seu celular ou mesmo uma conta secreta no Instagram. Salve as imagens em um local que você possa acessar sempre que tiver dúvida sobre o que vestir, ou mesmo pra acompanhar sua evolução de estilo.

QUERO VER SUAS EXPERIMENTAÇÕES DE MODA NA #MODICESINSPIRA

Comece a ousar em ambientes seguros. Passe batom daquela cor exótica pra ficar em casa mesmo. Quer se acostumar a não usar sutiã? Se livre dele quando for visitar uma amiga querida. Assim, você treina seu corpo e se acostuma com a sua imagem. Claro que o tal ambiente seguro pode mudar muito de pessoa pra pessoa. Pode ser a casa das amigas ou o show daquela banda cheia de fãs estilosos. Escolha lugares onde você não vai ser julgada pela sua aparência (como ambientes profissionais e reuniões familiares).

Seguindo esses passos, você vai construindo sua zona de conforto e de repente essas coisas se tornam naturais, passam a fazer parte da sua rotina.

Não precisa ter medo de ser inovadora e diferentona, se for isso que você tem vontade de fazer (e, se não for sua vibe, tudo bem também, você pode querer só jogar seguro na batalha do vestir). O que é diferente e inusitado hoje pode ser o hype daqui a alguns anos. As pessoas que criticam certas roupas e acessórios hoje são as pessoas que vão estar usando essas mesmas peças daqui a um tempo, quando acostumarem seu olhar a elas.

Eu também tinha meus momentos de insegurança. E esse processo também foi muito importante pra que eu pudesse desconstruir muita coisa na minha mente. Posso, sim, montar um look mais arrumado usando tênis. Posso, sim, estar bonita de batom azul. Não, eu não preciso usar salto alto em casamentos. Um sapato ou uma roupa que me deixa desconfortável definitivamente não é a prova de que tenho estima pelo casal. A minha presença é.

Estamos adaptando o nosso vestir não só a quem somos, mas à vida que a gente leva. A gente tem essa necessidade de validação, de querer estar adequada, de ser aceita, e tudo isso é superválido. A gente só precisa encontrar o equilíbrio e não deixar que isso nos limite. Então, não vale confundir zona de conforto com a "caixa de expectativas sociais". Uma coisa é bem diferente da outra. A caixa te limita e te padroniza, porque não foi construída pra você. A zona de conforto é um espaço de autoconhecimento aberto à experimentação e à expansão.

O QUE COMBINA COM MEU CORPO?

Aqui não tem dica de moda "de acordo com o seu tipo físico". Eu estou aqui é pra justamente quebrar o ciclo de objetificação do corpo feminino. E esse ciclo se fortalece na nossa mente quando nos ensinam a nos vestir comparando nossos corpos com frutas ou formas geométricas. E tampouco vou dar dicas de como fazer seu corpo parecer algo que ele não é, porque isso é muito demodé.

Pessoas nascem com biotipos diferentes, e a gente precisa respeitar essa diversidade. É da natureza humana. Por que a gente luta tanto contra quem somos? Essa é uma batalha invencível. É exaustiva e causa imenso sofrimento, como já vimos.

E eu também sei que é difícil. Aprendemos a nos vestir pensando em usar as roupas pra esconder, disfarçar, regular e controlar nossos corpos. Só que aqui a gente está fazendo diferente. Aqui você vai aprender como as roupas devem servir ao seu corpo. Este corpitcho que você tem hoje. Não o do passado, nem o do futuro. Seu corpo do agora.

Quero que você se descubra, se aceite e se conheça pra poder se vestir hoje, pra vida que você leva agora.

Não tenha medo do seu corpo. Estude ele. Conheça suas proporções. Seus volumes. Analise as linhas do seu corpo. Elas são mais arredondadas ou angulosas? Descubra quais são as suas cores.

Viva o corpo que você tem hoje.

DESENHE SUAS FORMAS

Aproveita pra fazer aquela selfie de frente. Quanto mais de frente, melhor. Joga num app de desenho e trace as linhas do seu rosto. Agora repara se elas são mais arredondadas, angulosas, alongadas... se seus traços são delicados ou marcantes.

E, só pra lembrar, aqui não existe certo ou errado, bom ou ruim. O que existe aqui são fatos. Conhecendo seus traços vai ser mais fácil escolher o que harmonizar e o que contrastar de acordo com o efeito que você quer ter.

Você tem todo o direito de querer fazer o que quiser com seu corpo. Mas o hoje está acontecendo agora. Se você não viver a sua vida, quem vai? Você nunca vai ter outra oportunidade de viver as experiências que você pode viver agora.

SE PERMITA:

—

DEIXAR SUA BARRIGA MARCAR

—

A CURVINHA SALIENTE APARECER

—

BOTAR AS COXAS GROSSAS PRA FORA

—

CAMINHAR ORGULHOSA DOS SEUS QUADRIS

—

GOSTAR DO SEU PEITO, SEJA ELE GRANDE OU PEQUENO

@carolsantosprodutora

@alexandrismos

@tassiamarcondesoficial

@euninagabriella

QUAIS PEÇAS DO SEU ARMÁRIO COMBINAM CONTIGO REAL/OFICIAL?

Pra responder, bora botar esse armário abaixo, garota. Siga o ensinamento da organizadora pop japonesa Marie Kondo. Fique só com o que te faz feliz.

E, principalmente, o que te veste bem. Sério, não adianta entulhar armário, acumular energia na sua casa, se sempre que você veste aquela peça você se sente um lixo. Roupa que veste mal tem dois destinos: levar numa costureira pra ajustar/transformar a peça (tipo vestido que vira saia) ou passar pra frente. Faz um bazar de troca com as amigas, leva num brechó, coloca pra vender na internet, doa pra uma instituição de caridade.

Não sou fã da teoria de que se você não usou a roupa em um ano você tem que se desfazer dela. Se você tem apego à peça, ela ainda te veste bem e você só não está na vibe daquele estilo, deixa ela guardadinha. Mas se dê limites também. Não dá pra ficar guardando uma roupa porque um dia você vai ter ocasião pra usar. Porque, quando chegar a ocasião, você certamente vai querer se vestir de outro jeito. Nem dá pra guardar aquela roupa que coube em você apenas num período específico da sua vida com a esperança de que você vai voltar praquele corpo e vai caber. Isso só causa angústia, insatisfação e frustração. Lembra o que Marie Kondo ensinou? Só mantenha o que te traz alegria.

Algumas peças guardam memórias afetivas. É como se fosse uma forma de nos conectarmos a certas lembranças, mesmo que as roupas não sejam mais usadas. Tenho minhas peças afetivas, que fazem parte do acervo pessoal. Ainda tenho uma blusa de quando tinha 15 anos (uma estampa futurista inspirada em Jean Paul Gaultier). Tenho até vestido que usei no meu primeiro encontro com meu marido. Mas só não vale acumular demais.

SAIBA TUDO O QUE VOCÊ TEM

Isso é muito mais fácil quando você não tem milhões de peças. Então, bora parar de idealizar o closet de Mariah Carey, porque não adianta ter todas as roupas do mundo se você não conhece e não sabe o que fazer com elas. Saber o que está no seu armário significa ter mais facilidade na hora de criar novas combinações. Você pode catalogar suas roupas num álbum no seu celular, na nuvem ou até numa conta secreta no Instagram. O importante é você ter fácil acesso as suas roupas, para quando você estiver considerando alguma nova aquisição ou pra quando faltarem ideias.

ANALISE SUAS PEÇAS FAVORITAS

E se pergunte: o que você mais gosta nelas? Como elas fazem você se sentir? Saber as coisas que você mais curte e valoriza numa roupa te ajuda na hora de escolher peças novas. Seja no garimpo do brechó, na análise do provador ou na hora de fechar o carrinho na loja online.

REPETIR ROUPA É O SEGREDO DE UM ESTILO MARCANTE

Pessoas que são reconhecidas pelo seu estilo pessoal repetem muita roupa. Kate Moss tava sempre de calça skinny e camiseta podrinha, Janelle Monáe aparece sempre usando terninhos e variações do estilo tomboy. Entenda: só colocaram na nossa cabeça que repetir roupa é ruim pra criar na gente o hábito de comprar mais roupas.

COMBINAR CORES É QUESTÃO DE PRÁTICA

Treine seu olhar. Observe as artes plásticas. Artistas renomadas como Frida Kahlo, Yayoi Kusama ou Beatriz Milhazes. David Hockney ou Jean-Michel Basquiat. Até mesmo novos nomes que você pode seguir no Instagram. Pesquise todos os tipos de arte. Crie uma pastinha no Pinterest com quadros, cenas de filmes, ilustrações e fotografias que você gosta. Se permita ser bem abstrata. Depois vai separando as imagens que combinam mais com as peças que você tem no armário. Você tem uma saia verde escura? Então vai lá na sua pastinha, pra buscar uma imagem com verde parecido com da sua e ver quais combinações de cores são possíveis. Observe e se divirta. Se permita.

VISTA O CORPO QUE VOCÊ TEM HOJE

Pode parar com essa mania de dizer que vai usar tal peça de roupa quando emagrecer/perder barriga/colocar peito/etc, quando tiver tal corpo. Mulher, foca no corpo que você tem hoje. Você tem todo o direito de querer mudar coisas que não te satisfazem. Você só não pode deixar de viver por causa disso. Se a roupa não veste o corpo que você tem hoje, a roupa não te serve. E roupa existe pra servir a gente, não o contrário.

CUIDE DAS SUAS ROUPAS

Lave a roupa antes de usar. É sério: o processo de produção de uma peça envolve muitos agentes químicos, fora a estocagem em galpões empoeirados. Por isso é importante lavar as roupas antes mesmo de usar. E falo de todo tipo de roupa, não só as lingeries.

Esse é um momento importante também pra conhecer cada item do seu armário. Afinal, você vai ser a responsável pelos cuidados com as peças, então é importante saber se cada uma pode ser lavada na máquina, com água quente ou fria, se pode usar alvejante, se pode ir na secadora... Todas as informações que estão na etiqueta são importantes pra garantir a durabilidade das peças.

Sabe o álbum de fotos que falei pra você criar? Aproveita e salva uma foto da etiqueta antes de arrancá-la fora.

DEIXE SUAS ROUPAS COM A SUA CARA

Se uma roupa que você adora manchou, desbotou ou se você não gosta mais da cor, você pode tingir. Dá pra fazer em lavanderia (a do seu bairro deve oferecer o serviço) ou em casa, o que mais tem é tutorial na internet. Você também pode pintar, bordar, encurtar, fazer aplicações... É um jeito ótimo de deixar as peças com a sua cara. Hoje em dia esse processo de transformar uma roupa existente em outra é chamado upcycling.

Eu amo reciclar roupas. Sempre transformo macacão em calça. Os vestidos que não cabem mais, ou que eu não curto a modelagem, viram saias. E muitas vezes passei a usar mais as roupas reformadas que na modelagem original. É impressionante como funciona.

A customização sempre foi muito forte em culturas marginalizadas. Desde os cangaceiros no sertão nordestino, que adornavam suas roupas com metais que brilhavam à distância e aterrorizavam os inimigos, até a galera do hip-hop nos guetos nova-iorquinos. É gostoso ver como esse movimento hoje cresce, impulsionado pela internet.

FILTRO DA ROTINA

Se você passa a maior parte do seu dia trabalhando, as roupas de trabalho têm que ocupar a maior parte do seu armário. Não adianta ter um monte de roupa de festa se você quase não sai. Se você não tem muito tempo pra lavar roupas, você precisa focar só em blusas que possam ser lavadas à máquina, e daí você vai fazendo escolhas segundo a sua rotina.

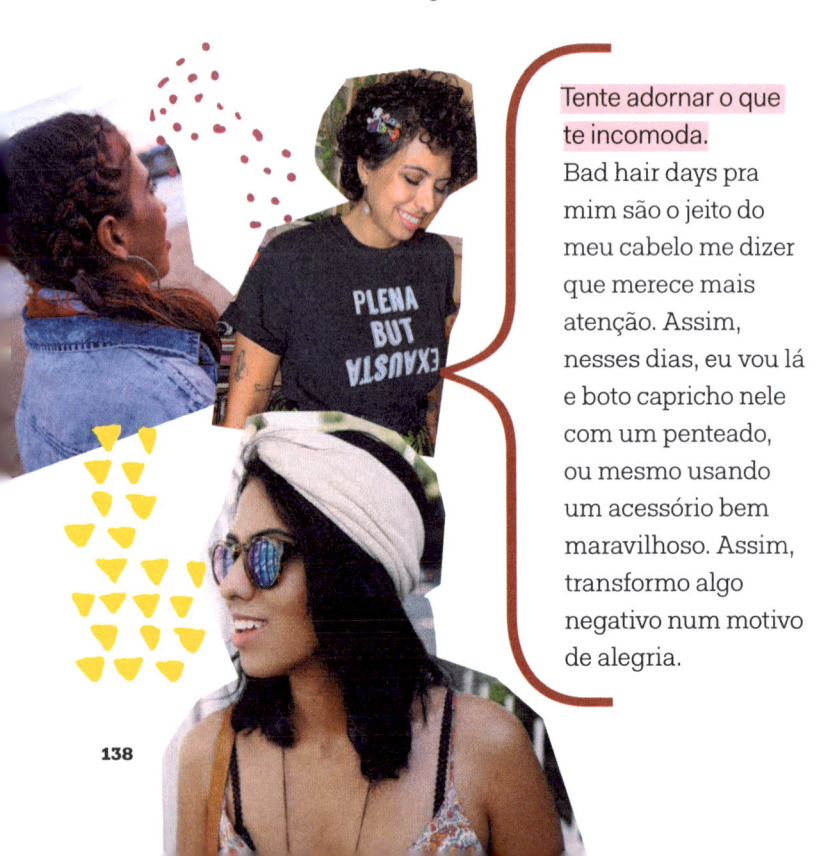

Tente adornar o que te incomoda. Bad hair days pra mim são o jeito do meu cabelo me dizer que merece mais atenção. Assim, nesses dias, eu vou lá e boto capricho nele com um penteado, ou mesmo usando um acessório bem maravilhoso. Assim, transformo algo negativo num motivo de alegria.

ROUPA DE TRABALHO

O crescimento dos centros urbanos e a inserção das mulheres no mercado de trabalho (além dos trabalhos de buscar serviência) foram uma das grandes revoluções do século XX. Mulheres conquistaram direito ao voto, aos estudos e a trabalhar fora do lar. Agora, no século XXI, estamos reivindicando mais espaços de poder no mercado.

Mulheres trabalham mais do que nunca, mas as marcas de moda feminina ignoram isso. É só dar uma voltinha no shopping que você repara: as vitrines são tomadas de looks de passeio. Looks de festa, looks de férias, looks casuais... roupas mais adequadas para passeios instagramáveis que looks funcionais pra vida que a gente leva dentro deles.

@juppimentel @ritacarreiraa
@carolburgo @modices

@mequetrefismos

@thaisfarage

@juppimentel

@sahalmeid

@ritacarreiraa

Você percorre as araras e elas estão repleta de peças cheias de recortes, comprimentos e design que não são adequados a grande parte dos ambientes profissionais. A moda ainda cria roupas pensando nas mulheres como seres desocupados que vivem (só) pela sua aparência.

Mulheres passam cinco dias da semana ou mais, toda semana, por 12 meses, trabalhando. Roupas adequadas pro trabalho são constantemente categorizadas como caretas, ultrapassadas. As nossas referências agora são outras. As mulheres estão chegando a cargos de liderança cada vez mais cedo. Criando suas próprias empresas, sendo donas dos seus próprios negócios.

As profissões mudaram. Os ambientes de trabalho mudaram. Os estilos profissionais mudaram. As referências de idade mudaram. A gente quer se expressar, representar a nossa personalidade também nos looks de trabalho. As mulheres querem ousar. Elas não querem mais usar só preto, branco, bege e cinza.

A gente trabalha tanto... No nosso trabalho a gente quer se sentir bonita (sim), mas principalmente segura, confiante e poderosa. A gente precisa de roupa pensada pra trabalhar.

Roupa de trabalho precisa de um carinho especial, justamente porque, além de passar boa parte do nosso dia dentro delas, a roupa passa uma mensagem sobre você, e é bom que essas características associadas sejam boas, né? Eu diria que quanto mais a roupa de trabalho realçar as características positivas da sua personalidade, melhor. E não só isso.

Outro aspecto muito importante a ser considerado nas suas roupas de trabalho é como elas fazem você se sentir. Porque o ambiente de trabalho já é de muita pressão. Pra nós, mulheres, ainda mais. Sua roupa de trabalho tem que ser uma aliada pra você exercer todas as suas atividades com plenitude. Você não pode pirar logo de manhã cedo por não saber o que vestir. As roupas precisam te dar segurança, fazer você se sentir confiante.

Não se sentir confortável na roupa que você veste não é uma questão banal. Quando você está usando uma roupa que te incomoda, isso distrai seus pensamentos. Ao mesmo tempo, o que você veste pode fazer você se sentir mais importante, mais esperta, e até mais responsável.

Segundo Carolyn Mair, que eu citei lá no começo, o conselho de "vista-se pro trabalho que você quer, não o trabalho que você tem" tem seu fundo de verdade científica.

Funcionários fazem um esforço significativo para descobrir e aderir aos códigos de vestimenta do trabalho, a fim de se enquadrar nos padrões de posição social e status. Para, além de evitar desaprovação, ridicularização e exclusão, se adaptar ao ambiente.

O que a gente veste comunica características como competência, poder, inteligência, sociabilidade e humor. E o que você veste pode influenciar resultados de negociações.

Formalidade é ligada a poder e poder é ligado a códigos masculinos. Logo associamos looks poderosos à alfaiataria, ternos. Já a feminilidade é associada à inocência, delicadeza, fragilidade, que não são características muito bem quistas em alguns ambientes de trabalho.

Na conferência SXSW, uma garotinha perguntou à congressista Alexandria Ocasio-Cortez que conselho ela daria pra uma jovem garota de cor que quer entrar na política. E ela respondeu: "O conselho que eu dou é: pare de tentar navegar nos sistemas de poder e comece a criar o seu próprio poder." E ela continua: "Tem tantas forças inconscientes que fazem a gente tentar agir como outra pessoa... somos ensinadas a colocar nosso cabelo pra baixo, sermos pequenas, articular de um certo modo e essencialmente tentar causar uma impressão de poder que inconscientemente manda sinais pra agir como homens brancos... Então pare de navegar nesses sistemas porque eles não foram feitos pra você. Precisamos construir nossos próprios sistemas de poder."

Homens são a referência de poder e sucesso. Por isso que

nos anos de 1980, quando as mulheres começaram a buscar um visual mais "profissional", elas começaram a usar roupas que lembrassem a silhueta tradicionalmente masculina, com os blazers longos de ombreiras marcadas.

Mas não basta só ocupar um espaço de poder. Temos que ocupar esse espaço do nosso jeito, respeitando a nossa história: quem somos, de onde viemos e nossa cultura. Em outra oportunidade, Alexandria Ocasio-Cortez fala sobre como é importante pra ela usar brincos tipo argola e batom vermelho em cerimônias, porque sempre disseram pra ela que esta imagem não era profissional o suficiente. E ela quer que garotinhas, como ela já foi um dia, possam se reconhecer nela e se imaginar ocupando aquele espaço: "Da próxima vez que alguém disser pra garotas da periferia para tirar suas argolas, elas podem dizer que estão se vestindo como uma deputada."

Então, valorize suas roupas de trabalho. Você passa a maior parte do seu dia nelas. É importante valorizar um tecido que não te pinique, uma modelagem que seja confortável, cores que te façam sentir bem, combinações que te façam sentir segura e confiante.

As pessoas que usam roupas formais tendem a se ver como mais competentes e racionais. Você se sente mais poderosa e as pessoas te percebem assim. Já pessoas que usam roupas informais se sentem mais amigáveis e isso é ótimo pra quando você tem que gerir equipes, porque gera aproximação e identificação.

Você precisa pensar suas roupas de acordo com a sua personalidade e como você quer se sentir: poderosa, confiável, conciliadora, animada? Suas roupas podem passar todas essas impressões.

Claro que boa parte desses códigos são construções culturais e variam, muitas vezes, de lugar pra lugar, no caso do mundo empresarial, de empresa pra empresa e, principalmente, de pessoa pra pessoa.

E a pessoa que mais importa aqui é você.

#DESAFIOHOMEOFFICE

Dar atenção pro look de trabalho é importante até pra quem trabalha de casa. Sim, muita gente fica idealizando o home office, pensando: "vou poder trabalhar de calcinha", "vou trabalhar de pijama". Mas na prática isso pode ser horrível.

Ok, no início é divertido, mas logo você se pega trabalhando em todos os horários e procrastinando muito mais do que devia. Quando você se arruma para o trabalho, mesmo que seja em casa, você ativa seu cérebro pro modo trabalho. E isso faz toda a diferença.

É a mesma lógica de ter um escritório, o seu cantinho pra trabalhar dentro de casa.

Por isso, logo no início do ano de 2019 eu propus no Instagram o #DesafioHomeOffice, convidando as mulheres a se vestirem para o trabalho. De deixar o pijama pra lá e fazer esse ritual de trocar de roupa, se maquiar se quiser, passar um perfuminho se gostar e então começar o expediente.

O retorno das minas foi incrível, e só comprovou tudo o que falei aqui neste livro sobre como as roupas interferem no modo como a gente se sente. Essas mulheres se sentiram mais focadas, mais produtivas e mais profissionais. Nesses meses de experiência do #DesafioHomeOffice percebi que todo esse ritual do vestir para o trabalho ajuda na concentração, faz você já ir focando e sintonizando sua mente no trabalho (o que muitas vezes é difícil de fazer quando se tem as tarefas domésticas ali do lado, disputando atenção).

Eu comecei só tirando o pijama e colocando uma roupa casual mesmo. Porém, com o passar dos dias, fui curtindo e sentindo vontade de me arrumar de acordo com as funções que estava executando. E é impressionante como isso ajuda a mudar a sua postura profissional, de verdade. Você fica mais segura e confiante, e isso ajuda muito em negociações (mesmo que por e-mail). Também ajuda a você se concentrar mais, procrastinar menos e traçar os limites entre o trabalho e a vida pessoal.

Na mesma época em que lancei o #DesafioHomeOffice a Alexandria Ocasio-Cortez fez uma sequência de stories falando sobre como é importante pra ela ter o seu look de descanso. Aquela roupa confortabilíssima, aconchegante, que ela chega em casa, coloca, e o cérebro entende que é hora de desconectar. Isso faz um bem danado pra saúde mental.

Então, use suas roupas pra potencializar a sua performance profissional e também pra se desligar desse papel. E se você ainda não tem referências de looks de trabalho que te agradem, seja você sua própria referência! Converse com as amigas, com as colegas, experimente, se inspire em séries, siga pessoas da sua área profissional. Provoque mudanças, como a atriz japonesa que criou uma petição para acabar com a obrigatoriedade do uso do salto alto (a gente já falou disso no capítulo 1). Vamos, juntas, ressignificar a imagem de poder feminino.

USE A MODA A SEU FAVOR

Ufa, você chegou até aqui.

E espero que a sua mente esteja fervilhando de ideias e possibilidades pra você fazer a sua revolução na moda. Assim como eu fiz, sem nem saber direito o que eu tava fazendo, há mais de 12 anos, quando ousei levar minha visão de moda pra mais gente.

Mesmo sem real dimensão da mudança que eu tava promovendo na minha vida e na vida de tantas mulheres, fui lá e resolvi que tava cansada de não me ver na moda. Eu tinha referências e queria ideias e inspirações que não encontrava nas revistas e nem nas campanhas. Assim, no final de 2006 criei um fotolog pra eu e minhas amigas compartilharmos fotos dos nossos looks, usando as roupas de uma famosa marca carioca que tinha nos unido através de sua comunidade no Orkut.

Aquele meu jeito de falar de moda com cores, estampas, texturas, instigando as minas a experimentarem e ousarem mais me fez querer ter meu próprio veículo. Assim, numa madrugada insone de 2007 criei o *Modices*. Um blog pra eu falar de moda de um jeito diferente: carioca, colorida e cheia de possibilidades. Eu tava exausta de regras de estilo convencionais que não faziam o menor sentido na minha realidade nem no ambiente onde eu vivia.

Desde o início o *Modices* contestava os padrões. Comecei produzindo editoriais com looks ~vida real~, com combinações que fossem inspirações possíveis. Depois, passei a contar histórias sobre as tendências (as modices da estação), a buscar referências além das passarelas: no cinema, na música, nas artes, na literatura e principalmente nas ruas. Em 2011, convidei a jornalista Luiza Brasil para escrever sobre moda e estilo negros no blog, sem nem ter a real noção do quão isso era inédito nesse país.

Nunca tive um olhar comum. Eu queria saber sempre mais, me atraia pelo diferente. Mas me padronizei. Tentei me encaixar numa estética que não era a minha. Foi quando me perdi e tive algumas das minhas piores crises de ansiedade e depressão.

Depois dessa imersão no universo do luxo e dos poderosos, tão distante da minha realidade, eu cansei. E foi numa viagem de carro, quando passei quatro meses percorrendo o Brasil do Sudeste ao Norte, atravessando o sertão, o litoral nordestino, a Ilha de Marajó, as chapadas do cerrado, o Planalto Central, até voltar ao Ridijanero que eu me achei. Ali, no #modicesnaestrada, me reconectei com a minha história, minhas origens e comigo mesma. E com a revolução que eu começara anos antes, falando de moda pra gente que não estava nem aí pra passarelas e tendências internacionais.

Desde o início, eu queria dialogar com mulheres que queriam se sentir bonitas, maravilhosas, bem-quistas, adequadas e admiradas pelos seus pares.

Como a pesquisadora Brené Brown fala: "Somos programados pra amar e pertencer. O contrário de pertencer é caber. Caber é analisar e se encaixar. 'Tenho que falar isso. Não posso falar aquilo, devo evitar tal assunto. Tenho que me vestir assim, ser assim.' Isso é caber. ==Pertencimento é pertencer primeiro a si próprio.== Falar o que sente, compartilhar as suas vivências e nunca se trair em nome dos outros. O pertencimento não requer que você mude quem você é. Ele requer que você seja quem você é."

Quero que você termine esse livro com coragem pra se expor e arriscar. Como diz uma das tatuagens da Rihanna, feita pra ser lida quando ela estivesse de frente pro espelho: "Nunca um fracasso, sempre uma lição." A gente não acerta sem ter falhado algumas vezes. Errar é humano, não é o que diz o ditado popular? Falhar faz parte da experiência de ser humano. Quanto mais a gente testa, quanto mais a gente experimenta, quando mais a gente exercita, melhor a gente fica. Se permita ser imperfeita.

Li no Twitter: ==Não aceite críticas de alguém a quem você==

nunca pediria conselhos, e aí eu vou te contar mais uma história.

Uma vez eu estava em Londres, na semana de moda, vivendo o sonho de assistir desfiles de grandes marcas internacionais. Eu tava nos Kensingtons Gardens após o desfile da Burberry, com blogueiras que eram as de maior número de seguidores do país. No dia eu vestia uma calça com estampa de goiabas e blazer amarelo. Eu tava muito feliz com meu look, que tinha tudo a ver comigo, todo colorido e tropical. De repente, avisto uma blogueira polonesa que eu acompanhava e superadmirava. Ela pediu pra tirar foto do meu look, e eu tava explodindo de alegria. Gente, essa era a validação que eu precisava. Eu tava radiante. Logo depois fiz uma foto em grupo com blogueiras brasileiras e entrei no metrô, rumo a uma loja. No meio do caminho começo a receber alertas e mensagens. Quando vejo, meu Instagram tá lotado de pessoas me escrotizando. Falando mal de mim e do meu look. Da minha adorada calça de goiabas! Fiquei arrasada. Chorava copiosamente. Até que meu marido, Victor, perguntou o que tinha acontecido pra eu estar naquele estado e eu mostrei os comentários. Vários perfis novos, de gente que nem parecia existir de verdade. Então, ele me chamou pra realidade: você tá aqui cobrindo uma semana de moda internacional, marcas mandando convite com seu nome, a blogueira de outro país e cultura completamente diferente dos seus te admirou, suas amigas gostaram tanto do look que te chamaram pra fazer foto junto. Você tá chorando pela opinião de quem não tem a menor importância na sua vida?

Sequei as lágrimas e falei: "É verdade, a Rihanna não falaria essas coisas pra mim." Depois desse episódio simplesmente me permiti ser eu mesma. Respeitar como *eu* me sinto. E se não agradar todo mundo, tudo bem. Importante é que eu agrade a mim mesma e as pessoas que considero importantes.

Como diz a Brené Brown (novamente ela), não é sobre não se importar sobre o que as outras pessoas falam. É só dar atenção pras pessoas certas. E você vai reconhecê-las.

Um estudo da pesquisadora Zoe Shaughnessy, da London College of Fashion concluiu que a relação das mulheres com as roupas se manifesta de quatro jeitos:

1. Roupas podem ser usadas como meio de controlar o humor e fazer a gente se sentir bem com a gente mesma.
2. A roupa pode ser uma fonte positiva e edificante de conexão com outros, que permite às mulheres fazerem novas amizades e reconstruir relações antigas através de suas lutas e triunfos com a moda.
3. As roupas são usadas como meio de se esconder, revelar, acentuar ou compensar alguma coisa.
4. As mulheres usam as roupas como forma de explorar sua personalidade, elas brincam com as roupas e tentam descobrir novas versões de si.

Roupas são conexões. Em seu TED, Brené cita diversas pesquisas que mostram que conexão é o porquê de estarmos aqui. É o que dá propósito e significado às nossas vidas. A habilidade de se sentir conectado é o que nos motiva. Somos neurologicamente programados pra buscar conexões.

Mas a vergonha atrapalha, interrompe. Ela é o próprio medo da desconexão. Vergonha, para as mulheres, é essa rede de expectativas inalcançáveis, contraditórias e competitivas sobre quem deveríamos ser. É uma camisa de força. A vergonha passa por dois clichês – "nunca está bom o bastante", e, se você conseguir se livrar desse, "quem você pensa que é?".

Numa sociedade que repetia incessantemente que as mulheres eram menores, incapazes e inferiores, mantê-las em constante estado de insegurança e vergonha era fácil. Afinal, o maior gatilho de constrangimento é a nossa aparência. E como já vimos aqui, a indústria da moda sempre soube muito bem nos manipular para nos manter sob controle.

Mas o fato (comprovado cientificamente) é que conexão é o resultado da autenticidade. E a autenticidade só chega quando estamos dispostas a abandonar quem achávamos que deveríamos ser pra ser quem realmente somos. É isso que "você absolutamente tem que fazer para se conectar".

Comentários e avaliações de outras pessoas tendem a influenciar o nosso autoconceito, nossa identidade e a autoestima, além de fornecerem material pro nosso autoconhecimento. Por isso, seja você também mais gentil com as pessoas.

GENTILEZA GERA GENTILEZA

Repense também a forma que você elogia as pessoas: "você parece tão magra!", "nossa, você emagreceu?" "nossa, mas você parece tão jovem!" ... Todas essas frases têm uma boa intenção por trás. Mas é aquele ditado, né, mores, de boa intenção o inferno tá cheio. Estas afirmações mostram que a gente associa parecer mais nova e mais magra com parecer mais bela. Uma desconstrução necessária e urgente.

Quando passei por um processo de "reeducação alimentar" anos atrás e emagreci mais de 10 quilos em poucos meses, as pessoas ficaram impactadíssimas. Passei quase um ano ouvindo as pessoas me chamando de magra, exaltando minha magreza, como se quisessem validar minha beleza. E desde o início aquilo me incomodou. Logo no primeiro elogio que recebi por estar magra, as palavras desceram amargas. A Carla adolescente sonhava com aquilo. A Carla adulta se sentiu péssima com isso.

E a partir daí comecei a repensar minha relação com o corpo e a questionar a relação da sociedade com as mulheres e seus corpos.

Quando fiz minhas primeiras viagens pro exterior, fiquei impressionada ao ver como as pessoas não tinham vergonha de fazer elogios. Se a pessoa gostava de algo que você tava usando, ela falava. E aqui no Brasil a gente tem uma trava. Quando recebemos um elogio, a primeira reação é nos menosprezarmos, rejeitar o elogio, botar uma condição "aaaa essa blusinha é tão antiga" "menina, essa calça foi tão baratinha". Até porque quando a gente aceita e confirma o elogio, muitas vezes (ainda) somos vistas como arrogantes.

Precisamos cuidar da nossa autoestima, porque é uma autoestima bombando que nos dá a confiança e ambição necessárias pra assumir riscos na moda e principalmente na vida. Pra ir à luta pelo que a gente quer e acredita. Ela também faz a gente se sentir mais otimista e se preocupar menos com o que os outros pensam. Autoestima é a cura pra este vício maldito da necessidade de aprovação social (especialmente a masculina).

Por isso,
Seja gentil com
você mesma,
Seja gentil com
as suas amigas,
E lembre de
respeitar quem
você é,
O tempo todo.

Já falei aqui que, quando a gente não se aceita, a gente se mantém presa a padrões, querendo reproduzir uma imagem externa pra nos deixar mais confortáveis na sociedade. E isso pode até funcionar. Mas tem prazo de validade.

A gente só se conecta ao nosso verdadeiro estilo quando aceitamos quem nós somos. De verdade. Independentemente de expectativas externas.

Então, pra que você realmente descubra o que combina com você, é preciso mudar.

O jeito que você se vê

Aceitar quem você é. Aceitar seu corpo. Aceitar sua história. Você precisa ver a sua verdade e abraçá-la. É assim que você vai conseguir representar seu espírito.

O jeito que você se trata

Meu amor, se você chegou aqui nesse livro, você já percebeu que o jeito que você se cobra a respeito do seu corpo, do seu cabelo e da sua imagem tem muito mais a ver com imposições da sociedade do que com quem você é. Se aceitar é se tratar com amor. Como diz minha grande amiga Nina Ribeiro, "sejamos possíveis".

O jeito que você trata os outros

Quando você começa a se tratar com mais amor, consequentemente você vai tratar as pessoas com mais amor. É aquela lei da física, de ação e reação. Quando você se aceita, você aceita os outros. Quando você aceita suas particularidades e abraça tudo o que faz de você ser você, você passa a celebrar também essa diferença nas outras pessoas. E como diz Brené, não pode mos praticar compaixão por outras pessoas se não conseguimos nos tratar com gentileza. Lembra do primeiro exercício do livro?

EU TORÇO DE CORAÇÃO PARA QUE, AGORA QUE VOCÊ JÁ SABE MAIS SOBRE A VERDADEIRA IMPORTÂNCIA E INFLUÊNCIA DA MODA NA NOSSA VIDA E SOCIEDADE, VOCÊ FIQUE COM MAIS VONTADE AINDA DE QUESTIONAR, DE NÃO SE ABATER E REALMENTE USAR A MODA A SEU FAVOR.

AGRADECIMENTOS

Este livro é dedicado às minhas leitoras e seguidoras, que me apoiaram e me inspiraram tanto nesses 12 anos em que falo sobre moda e mulheres na internet. Este livro existe por causa de e pra vocês. E é por toda a nossa troca que espero que outras mulheres possam ter uma nova relação com a moda e consigo mesmas.

Minha gratidão eterna a Ana Lima, a primeira a acreditar nesse projeto, e a Rafaella Machado e Luiza Miranda, que assumiram essa batalha na reta final com tanto empenho e carinho.

Ao Victor, meu mozão, meu maior incentivador e aliado fundamental das minhas conquistas desde o dia em que a gente se conheceu, há 15 anos. Ele contribuiu com esse projeto desde o primeiro layout do Modices como blog, lá em 2007, e em todas as fotos, produções, perrengues, desespero, crises, reconhecimento, alegrias, burocracias e organização das minhas ideias na parede da sala pra chegarmos ao texto que você hoje tem em mãos.

Cris Lisboa, minha professora favorita, a mulher que me fez acreditar e confiar na minha capacidade de escrever um livro e contar a história que estava latejando aqui dentro do meu coração. Passarelli, minha mestra, que me dá a sorte de acreditar e confiar no meu trabalho. Rosana Hermann, anja que ajudou a lapidar as arestas dessa história.

Nina Ribeiro e Liv Brandão, minhas irmãs, minha banca, minhas editoras favoritas.

Luiza Brasil, Bruna Tavares, Dayeny Bernardino, Luiza Villela, mulheres que contribuíram com o Modices e me abriram os olhos pra tanta coisa. Este livro também é de vocês.

Impossível colocar aqui todos os nomes das mulheres que passaram pela minha vida acreditando em mim, no meu talento, no meu potencial e na minha visão. Obrigada por me fazerem mais forte.

Também queria dedicar esse livro às mulheres que conheci por causa do Modices e que se tornaram amigas e musas (estando algumas aqui inclusive na capa deste livrito): Renata, Bianca, Iana, Tati, Josy, Marina, Luana, Ray, Deborah, Samantha, Carol... Não tenho espaço pra mais, mas 'cês sabem quem são.

E, claro, não posso deixar de agradecer à minha mãe, Luzimar, e às minhas tias Nina e Leda (*in memorian*) que despertaram em mim desde muito cedo esse fascínio (e respeito) pela moda, a forma como ela faz a gente se sentir e todo seu processo produtivo.

REFERÊNCIAS

ADAM, Hajo; GALINSKY, Adam D. Enclothed cognition. *Journal of Experimental Social Psychology*, Volume 48, Issue 4, pp. 918-925, July 2012. Disponível em: <https://doi.org/10.1016/j.jesp.2012.02.008>.

ADICHIE, Chimamanda Ngozi. *O perigo da história única*. 2009. 18:35 min, son., color. Disponível em: <https://www.ted.com/talks/chimamanda_adichie_the_danger_of_a_single_story/transcript?language=pt>.

BARBER, Elizabeth Wayland. *Women's Work*: The First 20,000 Years: Women, Cloth, and Society in Early Times. New York: W. W. Norton & Company, 1995.

BARTHES, Roland. *Sistema da moda*. Tradução de Ivone C. Benedetti. São Paulo: Martins Fontes, 2009.

BEAUVOIR, Simone de. *O Segundo Sexo*. V. II. Tradução Sergio Milliet. Rio de Janeiro: Nova Fronteira, 1980.

BRENNAN, Bridget. *Why She Buys*: The New Strategy for Reaching the World's Most Powerful Consumers. Danvers (MA): Crown Business, 2011.

BROWN, Brené. *A arte da imperfeição*. Trad. de Antonio Carlos Vilela dos Reis. Ribeirão Preto: Novo Conceito, 2012.

CALLAHAN, Maureen. *Champagne Supernovas*: Kate Moss, Marc Jacobs, Alexander McQueen e os rebeldes dos anos 1990 que reinventaram a moda. Tradução de Maryanne Linz. Rio de Janeiro: Fábrica231, 2015.

CHATZKA, Anastasia. The History of Sewing Part 1: Inventing the Sewing Needle (60,000 years ago - 22,000 years ago). *Sew Anastasia*, Chicago, 20 June 2018. Disponível em: <https://www.sewanastasia.com/blog/the-history-of-sewing-part-1-inventing-the-sewing-needle-60000-years-ago-22000-years-ago>.

CLOUTING, Laura; MASON, Amanda. How clothes rationing affected fashion in the second world war. *Imperial War Museums*, United Kingdom, 5 January 2018. Disponível em: <https://www.iwm.org.uk/history/how-clothes-rationing-affected-fashion-in-the-second-world-war>.

COELHO, Maria José de Souza. *Moda e sexualidade feminina*. Rio de Janeiro: UAPÊ, 2003.

CORTES, Carlos E. *The Children Are Watching*: How the Media Teach About Diversity. New York: Teachers College Press, 2000.

DESPENTES, Virginie. *Teoria King Kong*. Tradução de Márcia Bechara. São Paulo: n-1 edições, 2016.

FONTENELLE, Isleide Arruda. *Cultura do consumo*: fundamentos e formas contemporâneas. Rio de Janeiro: FGV, 2017.

FREYRE, Gilberto. *Modos de homem e modas de mulher*. 2.ed. São Paulo: Global, 2009.

FRIEDAN, Betty. *A mística feminina*. Rio de Janeiro: Rosa dos Tempos, 2019.

GURGEL, Alexandra. *Pare de se odiar*: porque amar o próprio corpo é um ato revolucionário. Rio de Janeiro: Best Seller, 2018.

HIRSH, David. *Academic vocabulary in context*. Bern: Peter Lang, 2010.

HOLLANDER, Anne. *Seeing through clothes*. Berkley: University of California Press, 1993.

HOOKS, bell. *O feminismo é para todo mundo*: políticas arrebatadoras. Trad. de Ana Luiza Libânio. Rio de Janeiro: Rosa dos Tempos, 2018.

HOSKINS, Tansy E. *Stitched Up*: the anti-capitalism book of fashion. London: Pluto Press, 2014.

KAUR, Rupi. *Outros jeitos de usar a boca*. Trad. de Ana Guadalupe. São Paulo: Planeta, 2017.

MAIR, Carolyn. *The psychology of fashion*. Abingdon: Routledge, 2018.

MORRISON, Toni. *O olho mais azul*. Tradução de Manoel Paulo Ferreira. São Paulo: Companhia das Letras, 2003.

NAVARRI, Pascale. *Moda e inconsciente*: olhar de uma psicanalista. São Paulo: Senac, 2010.

SAINI, Angela. *Inferior é o car*lho*. Trad. de Giovanna Louise Libralon. Rio de Janeiro: Darkside, 2018.

SANT'ANNA, Denise Bernuzzi de. *História da beleza no Brasil*. São Paulo: Contexto, 2014.

STEELE, Valerie. *The Corset*: A Cultural History. New Haven: Yale University Press, 2003.

THE BUSINESS OF FASHION. Anti-Fashion: A Manifesto for the Next Decade | Li Edelkoort | #BoFVOICES. Disponível em: <https://www.youtube.com/watch?v=LV3djdXfiml>.

TOUPS, Melissa A.; KITCHEN, Andrew; LIGHT, Jessica E.; REED, David L. Origin of Clothing: Lice Indicates Early Clothing Use by Anatomically Modern Humans in Africa. *Molecular Biology and Evolution*, Volume 28, Issue 1, pp. 29-32, January 2011. Disponível em: <https://doi.org/10.1093/molbev/msq234>.

WATSON, C. A. The sartorial self: William James's philosophy of dress. *Hist Psychol*, Volume 7, Issue 3, pp. 211-234, August 2004. Disponível em: <https://www.ncbi.nlm.nih.gov/pubmed/15382366>.

WOLF, Naomi. *O mito da beleza*: como as imagens de beleza são usadas contra as mulheres. Trad. de Waldéa Barcellos. 4.ed. Rio de Janeiro: Rosa dos Tempos, 2019.

Design de capa e miolo: Tereza Bettinardi
Diagramação: Bárbara F. Nudelman e Leticia Souza
Fotos de capa e miolo: Victor Fernandes
Fotos das páginas 40 e 44: Shutterstock
Tratamento digital de foto: Daniela Liberal
Ilustrações: Felipe Guatiello
Edição de texto: Cris Lisboa e Rosana Hermann
Organização: Liv Brandão
Revisão técnica: Ana Paula Passarelli

Texto revisado segundo o novo Acordo Ortográfico da Língua Portuguesa.

Direitos exclusivos de publicação em língua portuguesa somente para o
Brasil adquiridos pela EDITORA RECORD LTDA.
Rua Argentina, 171 - Rio de Janeiro, RJ - 20921-380 - Tel.: (21) 2585-2000,
que se reserva a propriedade literária desta tradução.

Este livro foi composto na tipologia Fakt, em corpo 10 pt, e impresso em
papel off-set na Lis Gráfica.
Impresso no Brasil

ISBN 978-85-01-10936-1

Seja um leitor preferencial Record
Cadastre-se e receba informações sobre nossos
lançamentos e nossas promoções.

Atendimento e venda direta ao leitor
sac@record.com.br ou (21) 2585-2002

Dados Internacionais de Catalogação na Publicação (CIP)
Sindicato Nacional dos Editores de Livros, RJ

L576u   Lemos, Carla
        Use a moda a seu favor / Carla Lemos.
        1. ed. - Rio de Janeiro: Galera Record, 2019.

        ISBN 978-85-01-10936-1

        1. Moda - Aspectos sociais. 2. Vestuário - Aspectos
        sociais. I. Título.

19-58964   CDD: 391 / CDU: 391

Catalogação elaborada por:
Vanessa Mafra Xavier Salgado, CRB-7/6644